TOMISLAV SENĆANSKI

55 EXPERIMENTOS
DE LA NATURALEZA

¡LAS PLANTAS Y LOS ANIMALES SABEN DE FÍSICA!

Ilustrado por
Jovan Ukropina
Nikola Vitković

PANAMERICANA
EDITORIAL
Colombia • México • Perú

Senćanski, Tomislav
    55 experimentos de la naturaleza / Tomislav Senćanski ;
ilustraciones Jovan Ukropina, Nikola Vitković ; traducción Gina
Marcela Orozco Velásquez. -- Edición Margarita Montenegro
Villalba. -- Bogotá : Panamericana Editorial, 2018.
    96 páginas : dibujos ; 24 cm. -- (Proyectos Fascinantes)
    Título original : 55 eksperimenata iz prirode.
    ISBN 978-958-30-5656-7
    1. Experimentación científica 2. Ciencia recreativa
3. Naturaleza - Experimentos 4. Fenómenos físicos naturales
I. Ukropina, Jovan, ilustrador II. Orozco Velásquez, Gina Marcela,
traductora III. Vitković, Nikola, ilustradora IV. Tít. V. Serie.
372.35 cd 21 ed.
A1583600

        CEP-Banco de la República-Biblioteca Luis Ángel Arango

Primera edición en Panamericana Editorial Ltda., enero de 2018
Título original: *55 eksperimenata iz Prirode*
© 2012 Kreativni centar
© 2017 Panamericana Editorial Ltda.
Calle 12 No. 34-30. Tel.: (57 1) 3649000
Fax: (57 1) 2373805
www.panamericanaeditorial.com
Tienda virtual: www.panamericana.com.co
Bogotá D. C., Colombia

Editor
Panamericana Editorial Ltda.
Edición
Margarita Montenegro Villalba
Textos
Tomislav Senćanski
Ilustraciones
Jovan Ukropina
Nikola Vitković
Traducción del inglés
Gina Marcela Orozco Velásquez
Diagramación
Martha Cadena

ISBN 978-958-30-5656-7

Impreso por Panamericana Formas e Impresos S. A.
Calle 65 No. 95-28. Tels.: (57 1) 4302110 - 4300355. Fax: (57 1) 2763008
Bogotá D. C., Colombia
Quien solo actúa como impresor.

Impreso en Colombia - *Printed in Colombia*

Explora la naturaleza cada vez que puedas. Los científicos también la exploran y hacen experimentos para conocer nuestro maravilloso mundo.

La naturaleza te espera y te tiene reservadas muchas aventuras interesantes. Los sucesos del mundo natural tienen su fundamento en varias leyes de la física: solo hay que descubrirlas y estudiarlas con agrado.

Si te preguntas dónde se encuentran todas esas cosas interesantes, este libro te ayudará a hallar la respuesta. Aquí encontrarás algunos sucesos de la naturaleza y los eventos físicos que se relacionan con ellos.

Descubre por ti mismo que explorar es divertido y emocionante, y que la naturaleza es una gran maestra.

ASÍ ES ESTE LIBRO

1. **Caso de la naturaleza:** allí se describe una planta o un animal, y la relación de una de sus características con un evento físico.

2. **¿Cómo es posible?:** presenta una explicación científica del evento físico en el mundo natural.

3. **Aprende más:** esta etiqueta te lleva a otros casos de la naturaleza. Forma parte del capítulo "Lugares para explorar la naturaleza". Lee el de la página correspondiente.

4. **Compruébalo:** demuestra lo discutido en el capítulo mediante un experimento que puedes realizar. Este título viene acompañado del nombre del evento físico.

5. **Necesitas:** es una lista de cosas que debes reunir para poder realizar el experimento.

6. **Experimento:** es la descripción del proceso. Debes comenzar por la primera imagen y seguir las instrucciones paso a paso.

7. **¿Qué sucedió?:** describe lo que sucede al final del experimento.

8. **¿Por qué?:** en esta parte se explica el evento físico con más detalle.

9. **Más experimentos:** esta etiqueta te lleva a la sección de actividades adicionales. Bajo el número correspondiente, encontrarás actividades relacionadas con el tema que estás estudiando.

10. **Retrato de un científico:** habla acerca del científico que exploró ese campo.

11. **Dato curioso:** es un texto relacionado con el evento físico que se está estudiando.

BATERÍAS V[...]

L a anguila eléctrica, un pez c[...] serpiente, habita en los ríos [...] Su nombre se debe a su capaci[...] electricidad. Puede alcanzar una [...] 1,5 m y pesar 40 kg. No tiene es[...] es de color marrón y anaranjado [...] inferior de la cabeza y el cuello.

Las anguilas habitan generalme[...] poco profundas y se ocultan en [...] las piedras. Como las aguas en [...] son turbias, las anguilas genera[...] eléctricos para orientarse y lueg[...] reflejo de estas señales para ha[...] idea de los objetos circundante[...]

¿cómo es posible?

>> Aprende más sobre plan[...]

1.

2.

3.

Gracias a esta característica, las anguilas pueden retroceder hacia sus guaridas sin siquiera tocar las paredes.

Además de generar impulsos débiles, las anguilas eléctricas pueden producir descargas eléctricas de alta tensión para cazar y defenderse. La potencia de estas descargas es tan alta, que puede matar a un pez, y un hombre perdería la conciencia si está a menos de 3 m.

en órganos eléctricos que albergan terminaciones o las células nerviosas envían la señal de que el peligro órganos eléctricos comienza un proceso químico que eración de electricidad. Si hay una amenaza real, los mpulsos y luego fluye la corriente eléctrica.

ctricidad, p. 89

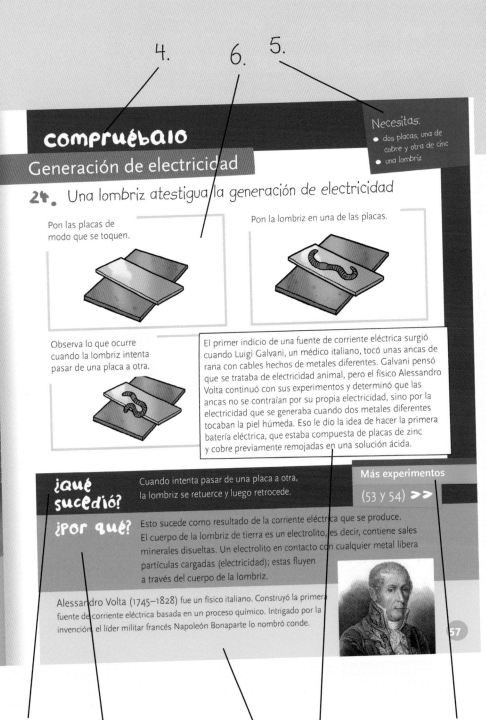

compruébalo

Generación de electricidad

Necesitas:
- dos placas, una de cobre y otra de cinc
- una lombriz

24. Una lombriz atestigua la generación de electricidad

Pon las placas de modo que se toquen.

Pon la lombriz en una de las placas.

Observa lo que ocurre cuando la lombriz intenta pasar de una placa a otra.

El primer indicio de una fuente de corriente eléctrica surgió cuando Luigi Galvani, un médico italiano, tocó unas ancas de rana con cables hechos de metales diferentes. Galvani pensó que se trataba de electricidad animal, pero el físico Alessandro Volta continuó con sus experimentos y determinó que las ancas no se contraían por su propia electricidad, sino por la electricidad que se generaba cuando dos metales tocaban la piel húmeda. Eso le dio la idea de hacer la primera batería eléctrica, que estaba compuesta de placas de zinc y cobre previamente remojadas en una solución ácida.

¿qué sucedió? Cuando intenta pasar de una placa a otra, la lombriz se retuerce y luego retrocede.

¿por qué? Esto sucede como resultado de la corriente eléctrica que se produce. El cuerpo de la lombriz de tierra es un electrolito, es decir, contiene sales minerales disueltas. Un electrolito en contacto con cualquier metal libera partículas cargadas (electricidad); estas fluyen a través del cuerpo de la lombriz.

Más experimentos

(53 y 54) >>

Alessandro Volta (1745–1828) fue un físico italiano. Construyó la primera fuente de corriente eléctrica basada en un proceso químico. Intrigado por la invención, el líder militar francés Napoleón Bonaparte lo nombró conde.

57

7

MANUAL PARA HACER EXPERIMENTOS

Antes de comenzar...

1. Haz un plan detallado de lo que vas a hacer en el experimento.

2. Reúne todo lo que necesitas.

3. Piensa si necesitas ayuda.

4. Busca un lugar apropiado para hacer el experimento.

5. Asegúrate de tener tiempo suficiente para trabajar.

6. ¡No permitas que te distraigan mientras trabajas!

La planeación de un experimento es importante, pero, incluso si cuentas con un buen plan, puedes cometer errores. Es algo normal; todos los exploradores se equivocan alguna vez. Si te llega a suceder, piensa detenidamente y luego repite el experimento. Seguramente todo saldrá bien en el siguiente intento.

En el proceso...

1. Ten en cuenta que algunos experimentos requieren de tiempo y paciencia.

2. Usa los elementos que puedan lastimarte (sierras, cuchillos, tijeras, cerillas, entre otros) con la supervisión de un adulto.

3. Asegúrate de no dañar nada mientras llevas a cabo el experimento.

4. ¡Recuerda anotar los valores de las medidas en una libreta!

   Si un resultado te parece extraño, vuelve a realizar la medición.
   Así estarás seguro de que todo se hizo correctamente.

5. Toma fotografías de las etapas del experimento: pueden ser de utilidad más adelante.

6. Asegúrate después del experimento de limpiar bien el lugar en el que trabajaste.

persecución en vano

Se han contado muchos cuentos sobre el pícaro, inteligente y audaz zorro. Su astucia es el tema central de un sinnúmero de fábulas.

En los bosques donde habitan, los zorros se alimentan principalmente de ratones y conejos. Su pelaje rojizo se confunde tan bien con el entorno, que los zorros son casi imperceptibles cuando se aproximan lentamente a su presa. Cuando no hay suficiente comida en el bosque, los zorros van a los pueblos y capturan aves de corral. Por eso los corrales siempre están vigilados por perros y los cazadores organizan persecuciones altamente peligrosas para los zorros. Sin embargo, a pesar de que los perros de caza y los zorros corren con la misma velocidad, los zorros casi siempre logran escapar.

Al huir, los zorros cambian constantemente la dirección en la que se desplazan y, para conservar su equilibrio, mueven su cola grande y fuerte de un lado a otro. A veces van hacia un lado y luego saltan rápido y corren en otra dirección. Los perros de caza no pueden seguirles el ritmo a los cambios de dirección constantes de los zorros, quienes se ponen a salvo cuando llegan al bosque y a sus guaridas.

¿cómo es posible?

Cuando los zorros cambian la dirección hacia la que se mueven, los perros de caza los persiguen a toda velocidad y no pueden detenerse en seco. La capacidad de un cuerpo de mantener su estado de reposo o movimiento se llama inercia. Por esa razón, los perros siguen moviéndose hacia delante por un momento antes de poder darse la vuelta y continuar persiguiendo a los zorros.

compruébalo

Necesitas:
- zapatos deportivos
- pista de carreras

Inercia

1. Corredor en la meta

Mide al menos 50 m de pista. Marca el comienzo y el final del recorrido.

Comienza a correr rápido desde la línea de partida hasta la meta.

Detente cuando llegues a la meta tan rápido como puedas y marca el lugar donde te detuviste.

¿qué sucedió?

No puedes detenerte justo en la línea de llegada, sino que sigues avanzando durante unos instantes, mientras tu velocidad disminuye.

Más experimentos

(26 y 27) >>

¿por qué?

Esto sucede porque tu cuerpo tiende a seguir moviéndose.

Propulsión a chorro

Las sepias son animales marinos pertenecientes al grupo de los cefalópodos: moluscos que usan los brazos que salen de su cabeza para atrapar a sus presas. Su anatomía es la más compleja de los invertebrados. Su parte posterior está cubierta con un manto cuyos bordes, a manera de aleta, les permiten nadar. En el interior de su cuerpo hay una estructura porosa, pero sólida, hecha de carbonato de calcio, conocida como jibión, gracias a la cual pueden flotar en el agua.

Las sepias se mueven mucho y son excelentes nadadoras. Esto es posible gracias a un órgano en forma de embudo que tienen a un costado. El agua de la cavidad que hay bajo el manto sale a través del embudo en forma de chorro, por lo que las sepias se mueven en la dirección opuesta, es decir, hacia delante. También pueden cambiar de dirección si alteran la posición del embudo.

¿Cómo es posible?

Cuando una sepia expulsa un chorro de agua a través del embudo, este ejerce una fuerza de acción en el agua. Al mismo tiempo, el agua ejerce una fuerza de reacción sobre el chorro, lo que también tiene efecto sobre la sepia. La dirección de esta fuerza es opuesta a la del chorro, lo que impulsa a la sepia hacia delante.

compruébalo

Fuerzas de acción y reacción

2. Lanzamiento de un cohete

Haz un cohete a escala con la tabla.

Talla una hendidura en la parte superior de la tabla. Le hendidura debe llegar a la base del cohete.

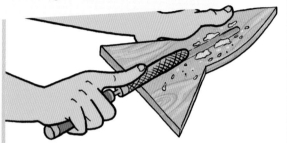

Pon el cohete lentamente sobre el agua y vierte unas cuantas gotas de aceite en la hendidura.

Observa lo que sucede cuando el aceite llega al agua.

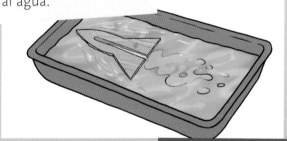

¿qué sucedió?

Cuando comienza a caer aceite al agua desde la base, el cohete se mueve hacia delante.

Más experimentos

(28, 29 y 30) >>

¿por qué?

El aceite que cae tiene la dirección de acción opuesta con respecto al cuerpo del cohete, que es la fuerza de acción. El cohete se mueve hacia delante gracias a la fuerza de reacción.

¡Recuerda!
Las fuerzas de acción y reacción ocurren al mismo tiempo.

Isaac Newton (1643–1727) fue un físico, matemático y astrónomo inglés. Newton formuló la ley de la gravitación universal, a la cual están sujetos todos los cuerpos del universo. También formuló algunos principios mecánicos sobre los que se define la fuerza y la interacción de los cuerpos.

13

El pino contorsionista

Las plantas son sensibles a los estímulos que reciben de su entorno y sus cuerpos responden a ellos durante el proceso de crecimiento.

La luz es un factor de desarrollo importante. Mientras crecen, las plantas se inclinan hacia la fuente de luz e intentan posicionar cada hoja para que los rayos solares las iluminen con mayor eficiencia. Algunas plantas parecen mosaicos de hojas debido a que sus tallos se alargan y se curvan a medida que crecen, con el fin de recibir la luz del sol.

Algunas partes de las plantas responden al estímulo de la luz de otro modo y crecen alejándose de ella. Es el caso, por ejemplo, de las raíces aéreas de la hiedra, mediante las cuales la planta se fija al sustrato.

Los pinos de los bosques crecen directamente hacia arriba para exponer sus agujas al sol tanto como sea posible. Sin embargo, si observamos un pino en una colina, veremos que permanece erguido incluso cuando hay luz suficiente y no hay otras plantas que bloqueen el sol. Esto significa que la luz no es el único estímulo que influye en él. El pino crece hacia arriba gracias a la influencia de la gravedad de la Tierra.

¿cómo es posible?

Uno de los estímulos que mayor efecto tiene en las plantas es la gravedad de la Tierra. Es la fuerza con la que el planeta atrae hacia su núcleo todos los objetos y lo que los rodea. Las partes de la planta que crecen por encima del suelo lo hacen hacia arriba (en la dirección opuesta a la gravedad de la Tierra). El pino en la colina se inclina mientras crece, hasta alcanzar la posición en la que la gravedad de la Tierra ejerce su mayor fuerza.

>> Aprende más sobre la gravedad de la Tierra, p. 80

compruÉbalo

La gravedad de la Tierra

3. Crecimiento y gravedad

Siembra algunas semillas en la maceta. Riega los brotes a diario.

Saca tras una semana las plantas de la tierra con cuidado y envuélvelas en un trozo de tela.

Inserta una planta en cada botella, que debe contener un poco de agua, de manera que la tela cierre la abertura. Pon las botellas en posición horizontal y guárdalas en la caja.

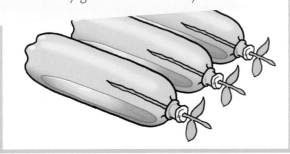

Observa el crecimiento de las plantas al día siguiente.

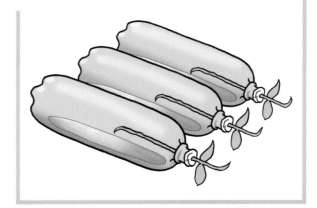

¿qué sucedió?

La parte de la planta que estaba dentro de la botella comenzó a crecer hacia abajo, y la parte que estaba fuera comenzó a crecer hacia arriba.

Más experimentos

(31 y 32) >>

¿por qué?

Las plantas están bajo el efecto de la gravedad. Es propio de las raíces crecer en la misma dirección de la gravedad de la Tierra, mientras que el tronco y las hojas crecen en la dirección opuesta.

Flecha de lechuga silvestre

En las laderas soleadas, a lo largo de los caminos, en los campos y en los viñedos, se puede encontrar lechuga silvestre. Sus hojas son rígidas y tienen espinas en el envés y en el borde. Por eso también se conoce como lechuga espinosa.

El tallo, la hoja, la flor y la savia lechosa, abundante en la lechuga silvestre, se utilizan en la medicina popular como un remedio contra el dolor y los calambres, como sedante y para inducir el sueño.

La lechuga silvestre puede alcanzar una altura de 1,5 m, y sus hojas se alinean en dirección norte-sur. Por esta razón, la planta también puede servir como brújula: para determinar los puntos cardinales.

¿Cómo es posible?

La lechuga silvestre se beneficia de los rayos de sol más débiles, pero el sol del mediodía la daña. Por eso sus hojas giran en relación con el tallo y adoptan una posición en la que el haz y el envés reciben el sol tenue de la mañana y de la tarde (este y oeste), mientras que los bordes de las hojas apuntan hacia el fuerte sol del mediodía. Así, las puntas de las hojas son como flechas que señalan la línea norte-sur.

>> Aprende más sobre plantas silvestres y la composición geológica del suelo, p. 84

compruébalo

El efecto de la luz en las plantas

Necesitas:
- una caja grande
- una caja pequeña
- una maceta con semillas de frijol o calabaza germinadas

4. Hacia la luz

Haz un agujero grande en un lado de la caja grande.

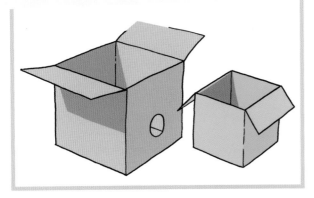

Pon la maceta dentro de la caja pequeña, de modo que la tapa de la caja esté en el lado opuesto a la fuente de luz.

Pon la caja grande sobre la pequeña. El agujero debe apuntar hacia la ventana.

Riega la planta todos los días y observa cómo crece.

¿qué sucedió? La planta crece hacia la abertura de la caja pequeña y, cuando supera la altura de la caja pequeña, sigue creciendo hacia el agujero de la caja grande.

¿por qué? La luz solar es un gran estímulo para cualquier planta. Los brotes siempre crecen en dirección a la fuente de luz. Al comienzo, la fuente de luz es la tapa abierta de la caja pequeña. Cuando supera la altura de la caja pequeña, el brote gira hacia el agujero de la caja grande por donde entra la luz del sol.

vuelo al ritmo de las olas

El albatros es un ave marina grande que vive principalmente en el hemisferio sur. Puede llegar a pesar más de 10 kg y tener una envergadura de hasta 3,5 m. Para anidar, los albatros forman grandes colonias en islas recónditas. Muy a menudo eligen una pareja de por vida, y hacen nidos cerca de los lugares donde nacieron.

Los albatros son buenos nadadores gracias a sus pies palmeados. Por otra parte, sus alas bien desarrolladas les permiten permanecer en el aire durante mucho tiempo y viajar muchos kilómetros, casi sin batirlas. Muchos marineros han informado sobre albatros que vuelan cerca de los barcos durante horas o incluso días.

Se alimentan de peces y otros organismos marinos; los atrapan sumergiéndose y sujetándolos con su pico fuerte y curvado. Mientras buscan alimento, los albatros vuelan paralelos a la superficie del agua: se elevan cuando están sobre las olas y descienden cuando están en medio de ellas.

¿cómo es posible?

Los albatros aprovechan la energía de las olas del mar para moverse por encima de la superficie del agua. Sobre la cresta de las olas, la fuerza creada por la compresión del aire llega a la parte inferior de las alas y levanta al albatros hasta cierta altura. Cuando ya no hay presión entre dos olas, el ave planea y desciende hacia la siguiente ola, que la levanta de nuevo.

Presión de una columna de aire

5. Eleva una pelota con aire a presión

Necesitas:
- un tubo de plástico (puedes cortar el fondo de un frasco de vitaminas efervescentes)
- una bomba de bicicleta
- plastilina
- papel de aluminio

Inserta la manguera de la bomba en el tubo y llena el resto del agujero con plastilina.

Haz una pelota de papel de aluminio ligeramente más pequeña que el diámetro del tubo.

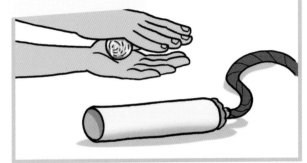

Gira el tubo hacia arriba e inserta la pelota.

Bombea aire y observa la pelota.

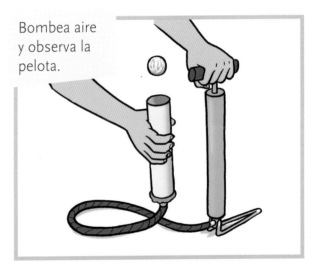

¿qué sucedió?

Cuando comienzas a bombear, la pelota se eleva o sale disparada del tubo.

¿por qué?

Al bombear, el aire del tubo se comprime y la presión eleva la pelota.
Si la presión es alta, la pelota es expulsada del tubo.

un ave trepadora

En los bosques, el pájaro carpintero, un ave de plumas multicolores que salta hábilmente de árbol en árbol, trepa y picotea la corteza de los árboles en busca de insectos y sus larvas. Al alimentarse, el pájaro carpintero acaba con muchas plagas, por lo que se considera un ave de gran utilidad.

El pájaro carpintero pasa la mayor parte de su vida en los árboles. La anatomía de sus patas y su cola le proporcionan un agarre seguro. Sus patas tienen cuatro dedos: los dos del medio apuntan hacia el frente, los dos exteriores apuntan hacia atrás, y todos tienen garras fuertes al extremo. El pájaro carpintero avanza por las ramas verticales de los árboles gracias a que su peso corporal se divide en dos. Al hacerlo, esta ave se apoya sobre su cola, que tiene plumas rígidas en el medio.

¿cómo es posible?

Cuando el pájaro carpintero se encuentra en una rama vertical, su peso tira de él hacia abajo, pero no se cae porque se aferra al árbol con sus patas y se apoya con su cola. Esto significa que el peso de su cuerpo se equilibra gracias a dos fuerzas: la que pasa a través de la cola y la que pasa a través de las patas. La fuerza que ejerce la cola sobre el tronco es anulada por la fuerza de reacción del tronco, por lo que la fuerza de los músculos de las patas (la fuerza activa) basta para que el ave se pare fácilmente en una rama vertical.

COMPRUÉBALO

Equilibrio de las fuerzas

6. El carrito cargado

Necesitas:
- Un carrito y una carga (puede ser arena, tu mochila con libros o unas botellas plásticas de agua)

Carga el carrito.

Intenta levantar el carrito cargado y moverlo a 1 m de donde estás.

Luego tira del carrito 1 m más. Determina cuál fue la forma más fácil de mover el carrito.

¿Qué sucedió?

Cuando levantas el carrito cargado, debes usar más fuerza. Es mucho más fácil moverlo cuando se tira de él.

¿Por qué?

Cuando tiras del carrito, se equilibran las fuerzas. El carrito se mueve gracias a la fuerza que tira de él y que pasa a través de la cuerda. Dicha fuerza tiene dos direcciones: hacia arriba y hacia el frente. La primera es anulada por la gravedad, y la segunda permanece activa y hace que el carrito se mueva en la dirección deseada.

21

perseverar da frutos

Las tortugas tienen un caparazón de placas óseas. En caso de que un animal las ataque, las tortugas retraen su cabeza y sus patas dentro de su caparazón. La eficacia de esta protección la constata el hecho de que la anatomía de este reptil no ha cambiado en 200 millones de años desde que la especie comenzó a existir.

Las tortugas se mueven lentamente en tierra, pero son mucho más hábiles en el agua. Por esta razón, las tortugas marinas gigantes, cuya expectativa de vida se extiende a varios cientos de años, pasan la mayor parte de su vida en el agua. Solo salen de allí por la noche, durante la temporada de apareamiento, y cavan agujeros donde ponen una gran cantidad de huevos.

Mientras realizan el duro trabajo de caminar y excavar, seguido de su regreso al agua, existe el peligro de que las tortugas queden sobre su espalda en un terreno irregular. Es muy difícil para las tortugas recuperar su posición normal estando boca arriba. Alargan el cuello y las piernas incesantemente y se mecen sobre su caparazón hasta que este se voltea y recuperan la posición normal.

¿cómo es posible?

Al alargar su cuello y piernas, las tortugas cambian la posición de su cuerpo. El centro de gravedad se mueve hacia arriba, lo que desplaza la línea vertical imaginaria que va desde el centro de gravedad hasta el punto de apoyo. Cuando la línea vertical se aleja del punto de apoyo, el cuerpo se desequilibra; las tortugas giran hacia un costado y luego se las arreglan para quedar sobre sus patas.

compruébalo

Equilibrio

7. Igor el inestable

Necesitas:
- una caja plástica con forma de huevo
- un marcador
- una canica metálica u otro objeto pesado
- plastilina

Dibuja la cara de Igor el inestable en la caja.

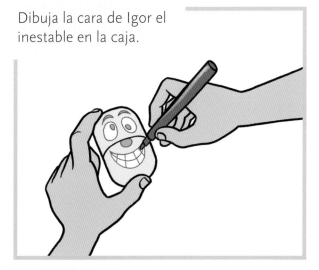

Pon la canica en el fondo de la caja. Fíjala con plastilina.

Inclina a Igor hacia un lado.

Libera a Igor y observa lo que ocurre.

¿qué sucedió?

Sin importar hacia dónde inclines a Igor, siempre regresa a una posición erguida.

¿por qué?

El centro de gravedad de Igor el inestable está en el lugar donde se encuentra la canica metálica. Puesto que el equilibrio depende de la altura del centro de gravedad, Igor tiende a permanecer en una posición estable. En otras palabras, tiende a recuperar la posición en la que el centro de gravedad está más cerca del punto de apoyo.

23

Suelas de aire

Las sanguijuelas son gusanos segmentados de agua dulce que se alimentan de la sangre de otros animales. En la mayoría de los casos comen dos veces al año, pero pueden vivir sin comer durante un año y medio.

Hay una ventosa pegajosa alrededor de la boca que utilizan para succionar la sangre y les permite adherirse al cuerpo de su huésped. Además, los segmentos posteriores de su cuerpo tienen otra ventosa. Las sanguijuelas se aferran con fuerza a su huésped gracias a la diferencia entre las presiones que hay por debajo y por encima de sus ventosas.

Estos animales también pueden arrastrarse a lo largo de una superficie utilizando sus ventosas. Se aferran con la ventosa delantera y luego arrastran la ventosa trasera. Después, separan la ventosa frontal y, tras alargar su cuerpo, se adhieren al punto más lejano que pueden alcanzar. Luego arrastran la ventosa trasera de nuevo, y así se mueven poco a poco.

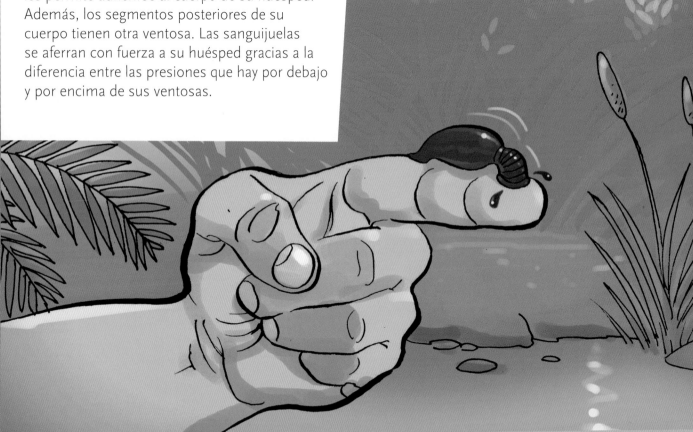

¿Cómo es posible?

A medida que avanzan sobre una superficie, las sanguijuelas permiten que salga el aire de la parte inferior de sus ventosas. El aire que hay bajo las ventosas ejerce baja presión sobre la superficie. La presión atmosférica que actúa sobre la ventosa es mayor y no permite que la ventosa se desprenda fácilmente.

Presión atmosférica en acción

Necesitas:
- una ventosa
- una regla

8. La ventosa

Toma la ventosa.

Adhiérela a una baldosa. Presiona la ventosa para que salga la mayor cantidad de aire posible.

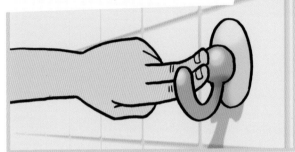

Tira de la ventosa para verificar la fuerza con la que se adhirió a la pared.

Pasa la regla bajo la ventosa y levántala un poco. ¿Se separó la ventosa de la pared?

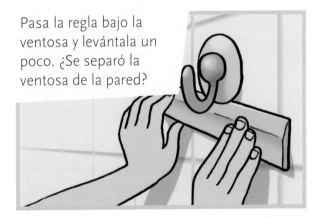

¿qué sucedió?

Cuando presionas la ventosa, esta se adhiere con firmeza a la pared. La ventosa permanecería inmóvil aun si colgaras una toalla de ella. La ventosa solo se separa de la baldosa cuando pasas un objeto por debajo.

¿por qué?

La presión del lado externo de la ventosa (la presión atmosférica) es mayor que la presión del aire que hay bajo ella. Esto significa que la ventosa se aferra a las baldosas gracias a la presión atmosférica. Cuando se pasa un objeto bajo la ventosa y se levanta un poco, el aire entra al área inferior de la ventosa hasta que las dos presiones se igualan y el gancho se desprende de las baldosas.

Más experimentos

(33) >>

carrera en la telaraña

Mucha gente considera que las arañas son criaturas temibles y peligrosas que se alimentan de las víctimas que caen en sus telarañas. De hecho, tienen un par de colmillos en la parte delantera de su cuerpo, frente a las aberturas de las glándulas secretoras de veneno. Su función es capturar y matar a las presas.

Sin embargo, una vez superado nuestro miedo, nos veremos impresionados por las increíbles características de esta interesante criatura. En la parte trasera del cuerpo de las arañas hay agujeros de los cuales sale hilo de seda. El hilo se endurece inmediatamente al contacto con el aire y las arañas lo utilizan para tejer sus telarañas o recubrir sus nidos. Algunas arañas disparan largas hebras de hilo y flotan colgadas de un extremo, a la espera de corrientes de aire que las lleven a otros lugares.

Se ha prestado especial atención a la velocidad a la que se mueven las arañas. Sus cuatro pares de patas se mueven gracias a sus músculos bien desarrollados, pero este hecho en sí mismo no puede explicar su gran velocidad. Lo que más impulsa su movimiento es el aumento de la presión del líquido que hay en las cavidades de sus patas

¿cómo es posible?

En el cuerpo de las arañas hay cavidades llenas de sangre entre órgano y órgano. Mientras se mueven, los músculos de las arañas se contraen, lo que reduce bruscamente el volumen de las cavidades. Esto lleva a un aumento de la presión del fluido que hay en dichas cavidades, tal como sucede en las máquinas hidráulicas. La presión de la sangre obliga a las patas a seguir moviéndose, y estas lo hacen mucho más rápido de lo que lo harían solamente con sus músculos. Así, el cuerpo de las arañas funciona como un pequeño dispositivo hidráulico.

compruébalo

Presión hidráulica

Necesitas:
- un globo pequeño
- un muñeco de papel
- cinta adhesiva
- una jeringa de cocina llena de agua

9. El hombre sobre el globo

Pega el muñeco de papel al globo.

Inserta la jeringa en el globo.

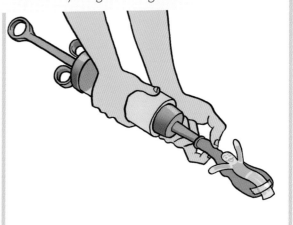

Empuja el émbolo y observa lo que ocurre.

¿qué sucedió?

Cuando empujas el émbolo, el hombrecito se yergue.

Más experimentos

(34) >>

¿por qué?

La presión hidráulica del sistema, conformado por el émbolo y el globo, aumenta cuando se empuja el émbolo. Eso hace que el globo se llene y que el muñeco se levante.

El gigante liviano

El hipopótamo es un artiodáctilo ungulado que habita en los ríos de África. Es un animal corpulento que puede pesar hasta tres toneladas, y es potencialmente peligroso para otros animales, así como para los seres humanos.

La parte característica del hipopótamo es su cabeza. Es grande, tiene las orejas y los ojos pequeños, y una boca enorme que aloja colmillos fuertes y oblicuos. Los colmillos de la mandíbula inferior están especialmente bien desarrollados.

Las patas de los hipopótamos son cortas y tienen cuatro dedos en sus anchos pies. Debido a que tienen piernas cortas, el vientre grande y redondo de los hipopótamos casi se arrastra por el suelo. Mientras pastan en las riberas de los ríos, los hipopótamos destruyen más plantas con sus piernas y vientre de las

que logran comer, por lo que los africanos los consideran una plaga. Sin embargo, si hay suficiente vegetación en el agua, la mayoría de los hipopótamos permanecen allí y aplastan menos plantas de la orilla.

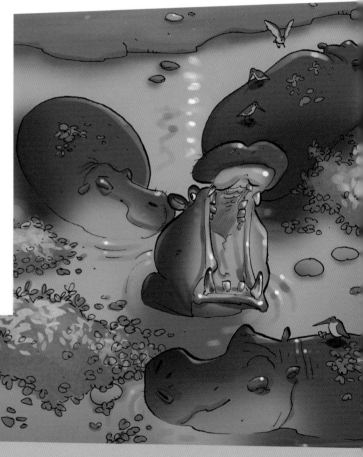

¿Cómo es posible?

Una vez entran al río, los hipopótamos desplazan una cantidad de agua igual al volumen de su cuerpo. El agua le da flotabilidad al hipopótamo; el empuje hidrostático es igual al peso del agua que desplaza el hipopótamo. Esto significa que el hipopótamo es más ligero en el agua debido al peso del líquido que desplaza. El empuje hidrostático es vertical y su dirección es hacia arriba. Por esta razón, el hipopótamo se mueve más fácilmente en el agua que en la tierra.

compruébalo

Empuje hidrostático

Necesitas:
- una papa
- cordel
- un vaso de agua
- una tablilla sujeta con cinta adhesiva a una balanza de cocina

10. ¿Cuánto pesa una papa?

Ata la papa a un extremo del cordel y haz un lazo en el otro extremo.

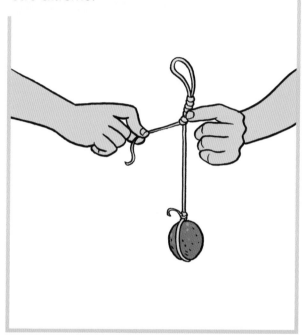

Cuelga la papa en la tablilla y observa su peso.

Introduce la papa en el vaso de agua y observa su peso en la balanza.

¿qué sucedió?

La balanza indica que el peso de la papa es menor.

¿por qué?

La fuerza que actúa en este caso es el empuje hidrostático; este actúa sobre la papa y la empuja hacia arriba. Cuando se sumerge en el agua, la papa se vuelve más liviana debido al peso del líquido que desplaza.

Arquímedes fue un científico griego que vivió en el siglo III a. C. Explicó el mecanismo de palanca y las reglas de equilibrio, y así creó la estática, la rama principal de la mecánica. Descubrió que todos los objetos inmersos en agua pierden tanto peso como el peso del agua que desplaza el objeto sumergido. Hoy en día esto se conoce como el principio de Arquímedes.

Más experimentos

(35 y 36) >>

paracaídas vegetal

Las semillas y los frutos de muchas plantas son transportados por el aire. Esto ocurre generalmente en zonas de mucho viento (las riberas de los ríos, las costas del mar, las montañas, los desiertos) y en las comunidades forestales de varias capas.

Algunas especies de plantas liberan semillas que pueden ser transportadas a una gran distancia por una corriente de aire ligera. El peso de esas semillas es ínfimo. Por ejemplo, una semilla de *Goodyera repens* pesa menos de 0,000002 g. Por supuesto, la mayoría de las plantas tienen semillas mucho más pesadas.

El diente de león es una planta herbácea muy común. Crece principalmente en los prados y en los valles de los bosques. Todas las partes de la planta se utilizan como medicina y alimento.

Las semillas de los dientes de león tienen vilano, un conjunto de pelos semejante a una borla que funciona como un paracaídas. Si no tuvieran vilano, las semillas caerían directamente al suelo y no podrían aterrizar en un lugar nuevo y posiblemente mejor para crecer. Pero como lo tienen, las semillas pueden viajar grandes distancias y llegar a un nuevo suelo.

¿Cómo es posible?

Los pelos en forma de paracaídas aumentan considerablemente la superficie de la semilla. Entre la superficie y las partículas del aire se genera fricción. La fricción es la resistencia que opone el entorno. La resistencia impide que la semilla caiga, por lo que permanece flotando en el aire durante mucho tiempo. Todos los objetos que se mueven en un entorno se ven afectados por la resistencia

COMPRuébalo

Resistencia aerodinámica

Necesitas:
- dos rebanadas de manzana
- mondadientes con trozos de papel enterrados
- un cronómetro

11. La manzana paracaidista

Deja caer una rebanada de manzana desde cierta altura. Mide el tiempo con el cronómetro.

Entierra los mondadientes con trozos de papel en la otra rebanada. Déjala caer y compara los dos tiempos.

¿qué sucedió?

La rebanada de manzana sin mondadientes cae más rápido, mientras que la otra rebanada cae más despacio.

¿por qué?

La superficie de la rebanada con los mondadientes es mayor y opone más resistencia, lo que ralentiza su caída.

Más experimentos

(37 y 38) >>

frutos con alas

Los frutos de algunas plantas leñosas, como el arce, el fresno y el pino, entre otros, tienen protuberancias en forma de alas que funcionan como dispositivos de vuelo. Los frutos (y las semillas que hay en ellos) permanecen en el árbol hasta que maduran, momento en el cual se desprenden del árbol y toman vuelo gracias a las corrientes de aire.

La forma de las alas es aerodinámica, es decir, adecuada para el vuelo. El fruto del arce tiene dos alas unidas, y el del pino tiene una sola que es amplia. Las alas del fruto de los fresnos blancos son asimétricas y por eso giran en forma de espiral.

Las alas hacen que el fruto caiga más lento y que permanezca más tiempo en el aire; así queda a merced del viento, que puede llevarlo lejos de la planta. Gracias a eso, incluso las plantas de semillas grandes logran diseminar sus frutos en otras áreas.

¿cómo es posible?

Las semillas vuelan aprovechando la energía del viento. Las corrientes de aire horizontales pasan por encima de las alas de los frutos. Por el lado convexo de las alas fluyen corrientes más densas que por la parte cóncava. La diferencia entre las densidades de las corrientes produce sustentación en las alas. Esta fuerza las levanta y así viajan largas distancias. La sustentación es una fuerza que siempre opera en dirección ascendente: levanta un cuerpo y lo mantiene en el aire.

>> Aprende más sobre sustentación, p. 83

Sustentación

12. El avión de papel

Arroja el avión de papel hacia delante cinco veces. Cronometra cada vuelo.

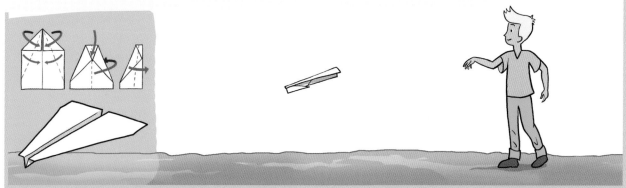

Curva las alas hacia abajo y arroja el avión cinco veces más.

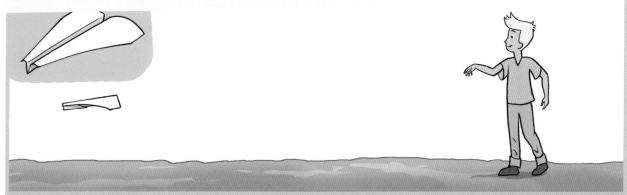

¿qué sucedió?

Cuando lanzas el avión, permanece en el aire durante un momento, antes de aterrizar. Si curvas las alas un poco, el avión de papel planeará por más tiempo.

Más experimentos

(39) >>

¿por qué?

Para que un avión despegue, debe superar la gravedad de la Tierra. Esto se hace con la ayuda de la sustentación aerodinámica que se produce durante el despegue. Cuando las alas se curvan hacia abajo, aumenta la sustentación. La diferencia entre las densidades de las corrientes que recorren los lados cóncavo y convexo de las alas incrementa cuando las alas se curvan un poco. Debido a esto, la sustentación es mayor y el avión permanece en el aire durante mucho más tiempo.

Diseño hidrodinámico

El océano Atlántico y el mar Mediterráneo son los lugares en los que habita el atún, un pez enorme. Generalmente se encuentra en altamar, pero se acerca a la costa y entra a las bahías y a los bancos de arena cuando desova.

El atún puede alcanzar una longitud de hasta 5 m y un peso de varios cientos de kilogramos. A pesar de su tamaño, puede nadar a una velocidad de 70 km por hora.

La parte delantera del cuerpo del atún es afilada; la parte media es ancha y luego se adelgaza hasta convertirse en una cola simétrica. La cola es la única fuerza motriz que utiliza este pez para nadar. Sus movimientos enérgicos de izquierda a derecha le permiten deslizarse en el agua.

Las demás aletas no participan en este proceso, pero sirven de freno y ayudan a mantener el equilibrio. Junto a cada aleta hay una hendidura. Mientras nada, las aletas del atún se ciñen al cuerpo y se acomodan en las hendiduras. Además, la parte que cubre las branquias también se oculta en una hendidura cuando se cierra. Los peces veloces ni siquiera tienen ojos que sobresalen; están a ras de sus cuerpos. La superficie del pez es perfectamente lisa; no tiene depresiones ni protuberancias que obstaculicen el movimiento. Esto significa que los peces tienen forma hidrodinámica.

¿Cómo es posible?

Cuando un objeto pasa a través de un líquido o un gas, se crea un remolino detrás de él. Cuanto más grande sea el remolino, mayor será la resistencia del entorno en el que se mueve el objeto. En esos remolinos se desperdicia la energía que el objeto utiliza para moverse. Para reducir el remolino al mínimo, un objeto sólido debe abarcar esa área. Se ha demostrado que un objeto cilíndrico, cuya parte trasera es aguda, ejerce menos resistencia. Se dice que ese objeto es hidrodinámico, es decir, que tiene forma hidrodinámica.

compruébalo

Hidrodinámica en acción

Necesitas:
- dos trozos iguales de plastilina
- dos botellas de agua grandes
- cordel
- tijeras

13. Plastilina submarina

Modela un trozo de plastilina en forma de gota y el otro en forma de cubo.

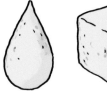

Únelos con cordel.

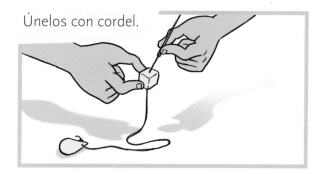

Inserta la gota y el cubo en sus respectivas botellas. Separa las botellas de modo que el cordel quede tenso.

Corta el cordel. Determina cuál trozo se hunde más rápido.

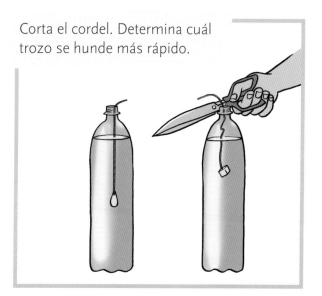

¿qué sucedió?

La gota se hunde más rápido, aunque ambos trozos pesan lo mismo.

¿por qué?

Se crea un remolino detrás del cubo, lo que lo hace hundirse más despacio. El trozo en forma de gota termina en punta y se desplaza más fácilmente en el agua. La gota, así como los peces, tiene forma hidrodinámica.

caminata sobre el agua

Entre los insectos de la familia de los hemípteros hay una especie que ha desarrollado la capacidad de caminar sobre el agua: el zapatero. El cuerpo de este insecto es alargado, y en su vientre y sus patas tiene pequeños pelos cubiertos de cera que lo mantienen seco.

El zapatero habita principalmente en lagos y estanques. Bajo sus patas delgadas, que están muy separadas, se hunde ligeramente la superficie del agua, pero sus patas permanecen sobre ella. El zapatero avanza rápidamente, moviendo el segundo y tercer pares de patas, y cuando aparece un obstáculo, salta.

Debido a que camina sobre la superficie del agua, el zapatero se alimenta principalmente de los insectos que caen a ella. En la superficie del agua, el zapatero da la impresión de estar en tierra firme, mientras que otros insectos parecieran haber caído sobre pegamento: el agua se adhiere a su cuerpo e impide que salgan. Mientras se esfuerzan por salir, se retuercen y crean pequeñas ondas que se propagan por la superficie del agua. Los zapateros perciben las ondas y se acercan rápidamente a su presa.

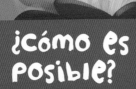

¿cómo es posible?

Las fuerzas intermoleculares actúan sobre todas las moléculas. Una molécula en lo profundo del agua está rodeada por varias moléculas que ejercen sobre ella la misma fuerza desde todas las direcciones, por lo que las fuerzas intermoleculares resultantes siempre equivalen a cero. Las moléculas de la superficie solamente reciben la fuerza de las moléculas de agua que hay bajo ellas, mientras que, desde arriba, solo se ven afectadas por las moléculas de aire. Como las moléculas de aire son más dispersas, su efecto sobre la superficie es casi insignificante. En consecuencia, la superficie del agua actúa como una membrana elástica estirada. De este modo se produce el fenómeno llamado tensión superficial.

Sin embargo, cuando un insecto cae al agua, las moléculas de la superficie del agua se unen a las moléculas del cuerpo del insecto y la tensión superficial las atrapa como si hubieran caído en pegamento.

compruébalo

Metal flotante

Necesitas:
- un sujetapapeles metálico
- un trozo de papel absorbente
- un tenedor
- un vaso de agua

14. Metal flotante

Pon el sujetapapeles sobre un trozo de papel absorbente.

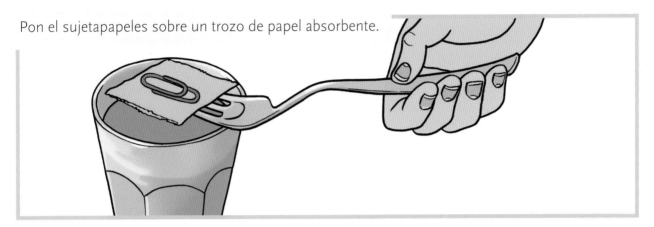

Usa el tenedor para poner el papel sobre la superficie del agua.

Retira el tenedor y observa.

¿qué sucedió?

El papel de cocina absorbe el agua y se hunde, mientras que el sujetapapeles permanece en la superficie.

¿por qué?

Al poner el papel sobre la superficie del agua, este absorbe el líquido y se hunde. De este modo, el sujetapapeles se aloja en la superficie del agua, donde hay tensión superficial. La tensión superficial es lo bastante fuerte como para impedir que el sujetapapeles se hunda.

Más experimentos

(40) >>

¡Se calcula que un hombre de 60 kg, con pies de 4 km de longitud, podría caminar sobre el agua!

un suéter que se estira

La oveja es uno de los animales domésticos más comunes del planeta. Los pastores vigilan los rebaños de estos artiodáctilos con la ayuda de perros pastores que están entrenados para reunir a las ovejas después del pastoreo y guiarlas a los corrales.

Cuando hay suficiente hierba, las ovejas son llevadas a pastar a las praderas. Se adaptan bien a los cambios de temperatura debido a su lana gruesa. La lana es un aislante excelente que protege a los animales del calor excesivo e impide que descienda su temperatura corporal durante el tiempo frío. El hombre aprovecha estas cualidades de la lana de oveja y con ella hace ropa, mantas, alfombras y otros artículos textiles.

Las ovejas son esquiladas una vez al año, y la cantidad de lana obtenida de cada oveja oscila entre los 5 y los 8 kg. Los comerciantes de lana optan por comprar este material en tiempo seco, pues saben que en un día húmedo la lana puede pesar un sexto más de lo que realmente pesa.

¿Cómo es posible?

Las fibras de la lana son altamente susceptibles a la humedad del aire y tienen la capacidad de absorberla, es decir, son higroscópicas. Cuando el tiempo es húmedo, las fibras se alargan.

>> Aprende más sobre el efecto de la humedad en las plantas, p. 79

>> Aprende más sobre el efecto de la humedad en los animales, p. 88

COMPRUÉBALO

Higroscopicidad

15. El anillo de lana

Necesitas:
- una tira de lana (sin fibras sintéticas) de 20 cm de largo
- una tabla para picar
- agua
- un lápiz

Haz un anillo con la tira de lana.

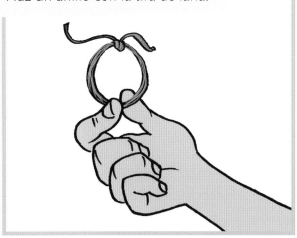

Pon el anillo en una esquina de la tabla y marca el lugar en el que queda.

Retira el anillo de la tabla y sostenlo con unas pinzas sobre un recipiente con agua hirviendo.

Pon el anillo de nuevo en la tabla después de tres o cuatro minutos. Marca el lugar en el que queda.

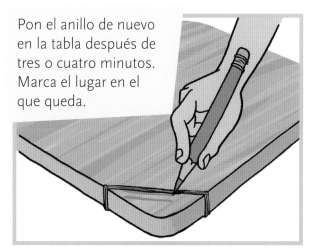

¿qué sucedió?

El anillo húmedo se alarga.

Más experimentos

(41) >>

¿por qué?

Esto sucede porque las fibras de lana se alargan cuando absorben humedad. Por esta razón, el anillo se torna más largo y abarca más espacio en la tabla.

orejas refrescantes

Los zorros viven en distintas zonas climáticas, desde las frías zonas árticas hasta los desiertos más calurosos. La supervivencia en estas regiones tan variadas solo es posible cuando se tiene una gran capacidad de adaptación: el espesor del pelaje de los zorros puede variar; una capa de grasa los puede proteger del frío; sus vasos sanguíneos pueden contraerse o dilatarse para aumentar o disminuir el calor que libera su organismo.

El zorro ártico o polar tiene un pelaje espeso y blanco durante la mayor parte del año, que se adelgaza y se torna de un marrón pardo durante los veranos cortos. La parte inferior de sus garras está cubierta de cerdas que le permiten moverse sobre las superficies heladas en busca de alimento. Ninguna de las partes del cuerpo del zorro sobresale, con el fin de reducir la pérdida de calor: las patas y el hocico son cortos, y las orejas son redondas y pequeñas; apenas si sobresalen de su pelaje.

El zorro del desierto, a diferencia del zorro polar, tiene un pelaje más delgado. Sus enormes orejas le permiten oír bien, pero también aumentan la superficie del cuerpo a través de la cual el zorro se enfría. Debido a esta característica, su cuerpo no se sobrecalienta.

¿cómo es posible?

Las moléculas de los objetos se mueven. Cuanto más rápido se mueven, más caliente se torna el objeto. Un objeto caliente le transfiere calor a cualquier objeto frío que esté contiguo a él. Al transferirle calor, el otro objeto se torna más caliente porque sus moléculas comienzan a moverse más rápido, mientras que el primer objeto se enfría debido a que disminuye la velocidad a la que se mueven sus moléculas. El proceso continúa hasta que se alcanza el equilibrio térmico. Este tipo de transferencia de calor se llama conducción. Las orejas del zorro del desierto tienen muchos vasos sanguíneos a través de los cuales circula la sangre, cuyo calor se transfiere al aire circundante.

compruébalo

Conducción térmica

Necesitas:
- una barra metálica
- un corcho de botella
- cera
- una vela
- cerillas
- un cronómetro

16. ¿Con qué rapidez se transfiere el calor?

Inserta el corcho en un extremo de la barra; ese será el mango. Ensarta tres bolas de cera en la barra y ubícalas a 3 cm de distancia entre ellas.

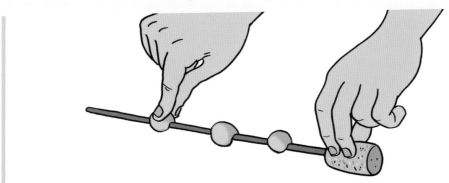

Sujeta la barra por el corcho y pon el otro extremo de la barra sobre la llama de la vela. Empieza a cronometrar.

Observa lo que pasa y toma nota del tiempo en el que ocurren los cambios.

¿qué sucedió? Tras unos instantes, la bola más cercana a la llama comienza a derretirse. Enseguida se empieza a derretir la bola de en medio, y finalmente la bola más cercana al mango.

¿Por qué? El metal es un buen conductor del calor y, cuando se calienta la barra, la cera se derrite fácilmente en el lugar en el que se encuentra. El experimento demuestra que el calor se transfiere desde la fuente hacia el mango.

Más experimentos

(42 y 43) >>

41

El abrigo de plumas del gorrión

El gorrión es un ave cantora pequeña que se puede encontrar en casi todos los continentes. Se ha adaptado a vivir en los asentamientos humanos, donde puede encontrar alimento fácilmente durante todo el año. Cuando les arrojas comida a las aves de un parque, se oye de inmediato el canto de los gorriones, quienes corretean alrededor de las aves más grandes con la intención de atrapar alguna migaja.

Los gorriones anidan en los arbustos o en los árboles, e incluso bajo los aleros de las casas. Los polluelos comienzan a volar varias semanas después de eclosionar y poco después dejan el nido. En un grupo de gorriones, los más pequeños se pueden distinguir por sus plumas ligeramente más oscuras y sus picos de color amarillento.

Las plumas de los gorriones, así como las plumas de otras aves, tienen una estructura compleja. Cada pluma tiene un tallo largo que se inserta en la piel, y de este se desprende un estandarte. El estandarte está compuesto por plumas paralelas llamadas barbas, que a su vez constan de hileras de plumas aún más pequeñas.

En invierno, los gorriones se ven mucho más regordetes que en verano. Esto se debe a que sus plumas se erizan con el fin de retener aire entre ellas, lo que impide que el cuerpo pierda calor rápidamente.

¿Cómo es posible?

El aire es un mal conductor del calor, de modo que, cuando las plumas se erizan y hay suficiente aire entre ellas, no se transfiere el calor desde el cuerpo del gorrión hacia el aire circundante. El aire, que impide la transferencia de calor, actúa como aislante.

Compruébalo

Aislantes térmicos

Necesitas:
- dos cubos de hielo
- una prenda de lana (puede ser una bufanda o un suéter)
- dos platos

17. Hielo que no se derrite

Pon un cubo de hielo en un plato. Envuelve el otro cubo con la prenda y ponlo sobre el otro plato.

Déjalos a temperatura ambiente hasta que el cubo del primer plato se haya derretido.

Desenvuelve el otro cubo y verifica si se derritió.

¿qué sucedió?

El cubo envuelto en la lana está casi igual.

¿por qué?

El cubo no se derritió porque hay mucho aire entre las fibras de lana, lo que evita que el calor externo tenga contacto con el hielo. Esto demuestra que el aire es un buen aislante.

Más experimentos

(44 y 45) >>

Un termo es un invento que hace posible que la temperatura de un líquido permanezca igual durante largo tiempo. Los termos tienen paredes dobles entre las cuales se ha eliminado el aire (para que quede un espacio sin aire: vacío). El vacío es un buen aislante porque el calor no se transfiere a través de él por conducción ni convección, sino por radiación.

una cola ruidosa

Los castores son roedores grandes que habitan junto a los ríos y los lagos, generalmente en parejas o en grupos. A veces pueden alcanzar una longitud de casi 1 m y su peso puede ascender a los 30 kg. Pueden nadar y bucear bien, y solo salen del agua si están seguros de que no hay peligro en tierra.

Los árboles que crecen junto al agua son para los castores tanto alimento, como material de construcción de presas y refugios. Los castores prefieren los sauces, pero también utilizan los alisos, los álamos, los fresnos y los abedules, entre otros árboles. Los roen hasta que se doblan y se rompen. Luego los arrastran hasta el lugar donde los necesitan. Las presas mantienen estable el nivel de agua que rodea los refugios donde habitan los castores, y ocultan sus pasadizos de escape.

La cola de este interesante animal es redonda en la base, mientras que el extremo libre es plano y está cubierto de escamas. Gracias a esta característica, los castores mantienen su equilibrio mientras tiran de las ramas grandes y pesadas. Además, utilizan su cola como timón para controlar la dirección en la que nadan. Cuando el peligro se acerca, los castores golpean su cola con fuerza contra la superficie del agua para advertirles a los demás miembros del grupo que el enemigo se acerca.

¿cómo es posible?

Cuando los castores agitan la base de sus colas para enviar una advertencia, el resto de la cola se mueve por efecto de la contracción muscular. La cola se puede comparar con una palanca de primer grado. El punto de apoyo de la palanca está en la base de la cola, y los músculos son la fuerza que se utiliza para levantar el peso (la cola) mientras este se agita.

compruÉbalo

Palancas de primer grado

Necesitas:

- una balanza de resorte
- cordel
- un cepillo de suelo que tenga agujero en el mango
- una cuchara de cocina
- una silla
- cinta adhesiva

18. Un cepillo, dos pesos

Ata un extremo del cordel al gancho de la balanza. Haz un lazo con el otro extremo y pásalo por el mango del cepillo.

Pasa el mango de la cuchara por el agujero del mango del cepillo y párate sobre los dos extremos.

Pon el lazo cerca del extremo del mango y fíjalo con cinta adhesiva. Levanta el cepillo con la balanza hasta que toque la silla. Observa el valor que marca.

Desliza el lazo hacia el otro extremo del mango del cepillo y repite el procedimiento. ¿El valor es mayor o menor?

¿qué sucedió?

En ambos casos el cepillo se levanta a la altura de la silla mediante fuerza muscular. Cuando el lugar donde se aplica la fuerza está lejos del punto de apoyo, se requiere menos fuerza para levantar el objeto.

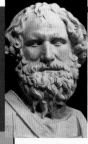

Una palanca no es tal sin un punto de apoyo. ¡Dame un punto de apoyo y moveré el mundo! Arquímedes

¿por qué?

El mango y el punto de apoyo que levanta el peso (la parte que se usa para limpiar) representa una palanca de primer grado. El punto de apoyo y la fuerza con la que se levanta el peso están en el mismo extremo de la palanca, mientras que el peso se encuentra del otro lado. Este tipo de palanca levanta el peso más fácilmente cuando el punto de aplicación de la fuerza está lejos del punto de apoyo.

Luces nocturnas

En el diverso mundo de los insectos hay muchas especies que son más activas durante la noche. Para ellas, la noche no solo es el momento para cazar y alimentarse, sino para conocer a otros miembros de su especie.

La ausencia de luz ha llevado a que este tipo de insectos desarrollen características especiales. Para empezar, su visión es más compleja que la de los insectos diurnos. Los ojos de los insectos nocturnos pueden captar luz de diferentes fuentes, por lo que la imagen de lo que ven es más clara.

Las luciérnagas también aprovechan su capacidad de ver en la oscuridad para socializar, pero su búsqueda de otras luciérnagas no se limita a esto; también son capaces de producir luz. Por la noche, en la parte inferior del vientre de las luciérnagas aparece una luz parpadeante de color amarillento que las otras luciérnagas pueden ver e interpretar.

En la mayoría de los casos, estas luces se utilizan para buscar pareja. Son señales luminosas que los machos les envían a las hembras, quienes a su vez les responden con un parpadeo.

¿Cómo es posible?

El brillo de los insectos nocturnos se produce como resultado de una reacción química: las proteínas que hay en el vientre de las luciérnagas se oxidan y brillan cuando reaccionan con un fermento que se encuentra allí.

La energía química de esta reacción se convierte en energía lumínica; la energía lumínica se convierte en energía térmica; el calor hace que el aire se mueva, y así una forma de energía se convierte en otra de acuerdo con la ley de la conservación de la energía.

Conservación de la energía

19. La bengala

Enciende la bengala.

Sostenla mientras libera chispas. Evalúa la temperatura del alambre al comienzo y al final de la combustión.

¿qué sucedió?

Las bengalas constan de un alambre y del material que está adherido a él. Este material produce luz y calor cuando se enciende. Cuando todo el material se quema, la bengala se apaga y la energía térmica producida por la reacción se transfiere al aire circundante y al alambre de la bengala.

¿por qué?

Al encender el material ocurre una reacción química. Esta reacción libera energía lumínica y calórica.

James Joule (1818–1889) fue un físico inglés. Demostró experimentalmente que una forma de energía se puede transformar en otra. Al hacerlo, se convirtió en uno de los formuladores de la ley de la conservación de la energía. La unidad de trabajo o energía se llama joule (J) en su honor.

Todo se puede destruir, excepto la energía.

un ruido silencioso

Las medusas son organismos maravillosos en forma de campana y de anatomía frágil que viven en las profundidades hostiles del mar. El cuerpo de las medusas consta de solo dos capas de células, entre las cuales hay una masa gelatinosa que les da firmeza. En la parte inferior de la campana tienen tentáculos con células urticantes, de modo que el contacto con una medusa puede ser extremadamente doloroso y causar quemaduras en la piel.

En el agua, las medusas flotan y se mueven gracias a las corrientes o se desplazan lentamente con sus tentáculos. Estos animales reciben estímulos del ambiente por medio de los órganos sensoriales que hay en el borde de su campana. Además de tener sentidos de la vista y el olfato, también tienen sentido del equilibrio gracias a una vesícula que contiene una o varias piedrecitas en su interior (estatolitos).

El sentido del equilibrio le permite a la medusa ocultarse cuando se aproxima una tormenta. Unas horas antes de la tormenta, los estatolitos comienzan a oscilar y la medusa empieza a buscar refugio.

El estudio de la anatomía de la medusa le ha permitido al hombre construir un dispositivo para predecir las tormentas.

¿cómo es posible?

Antes de una tormenta, se produce fricción entre las masas de aire y las crestas de las olas. Esto produce un sonido de baja frecuencia en el agua, llamado infrasonido, que atraviesa el cuerpo de las medusas y los estatolitos. El infrasonido tiene una frecuencia inferior a los 16 Hz. Las células sensibles de la pared de la vesícula perciben el movimiento de los estatolitos, lo que le indica a la medusa que debe buscar un refugio antes de la tormenta.

compruébalo

Generación de ondas sonoras

20. Ruidos en el agua

Necesitas:
- una botella plástica pequeña
- piedrecitas
- una olla
- agua
- un ayudante

Inserta algunas piedrecitas en la botella.

Sumerge la botella en la olla con agua.

Apoya tu oreja en la olla. Pídele a tu ayudante que agite la botella. ¿Qué ocurre?

¿qué sucedió?

Cuando se agita la botella, las piedrecitas comienzan a moverse y a hacer ruido.

Más experimentos

(46) >>

¿por qué?

No se puede oír el infrasonido porque el oído humano solo escucha sonidos en el rango de los 16 Hz hasta los 20 000 Hz. Para entender la forma en la que las medusas predicen las tormentas, el experimento se realiza con sonidos que puede percibir el oído humano. Al agitar la botella, las piedrecitas se mueven y producen ondas sonoras que se transfieren al oído.

¡Escucha por dónde vuelas!

En las tardes calurosas, los murciélagos suelen volar sobre las casas. Son mamíferos pequeños capaces de volar debido a su anatomía peculiar: una capa de piel se estira desde los dedos de sus patas delanteras, hasta las articulaciones de sus patas traseras y su cola. Cuando los murciélagos extienden sus extremidades delanteras alargadas, la piel se estira y se asemeja a unas alas. Tienen una pequeña garra en el calcáneo que los ayuda a extender la piel que hay entre las patas traseras y la cola.

Durante los meses de invierno, los murciélagos se ocultan en cuevas, casas abandonadas y otros refugios, y allí caen en un sueño profundo e hibernan hasta la primavera.

Los vuelos nocturnos, además de permitirles tener una dieta variada de insectos y plantas comestibles, también les han permitido desarrollar su capacidad de orientación espacial. Los murciélagos emiten a través de su boca o su nariz un sonido de alta frecuencia o ultrasonido, inaudible para el oído humano. Al escuchar el eco de su propia voz, los murciélagos crean una imagen del lugar que los rodea. Esto les permite volar sin problemas entre los obstáculos, descubrir objetos en movimiento y cazar.

¿Cómo es posible?

Los murciélagos emiten ondas ultrasónicas de distintas frecuencias y las dirigen hacia el espacio que hay frente a ellos para que se propaguen en forma de embudo. Cuando rebotan, regresan a los murciélagos, y sus grandes orejas las captan como una antena. Las ondas que rebotan en los objetos más cercanos llegan más rápido, y las que rebotan en los objetos lejanos, llegan después.

Una vez los murciélagos descubren a su presa, aceleran la emisión de ondas para "escuchar" su posición exacta. Si el tiempo de rebote de la onda se reduce, significa que la presa está a su alcance.

>> Aprende más sobre los agudos sentidos de los animales y los sismos, p. 87

compruebalo

Propagación del sonido en el aire

Necesitas:
- un ayudante
- un espacio abierto
- un cronómetro

21. Hora de gritar

Dile a tu asistente que permanezca quieto en un lugar del espacio abierto. Aléjate 680 pasos. Grita "¡Hola!" y activa el cronómetro al mismo tiempo.

Pídele a tu asistente que levante la mano cuando oiga tu saludo. Detén el cronómetro cuando lo haga.

¿qué sucedió?

El asistente levanta la mano casi un segundo después.

¿por qué?

El sonido es una onda mecánica que se propaga en el aire a una velocidad de 340 m por segundo. Pasa casi un segundo para que el asistente escuche tu grito desde una distancia de 680 pasos porque dos pasos equivalen a 1 m y 680 pasos equivalen a 340 m.

Más experimentos

(47 y 48) >>

Las grandes explosiones nucleares del Sol son completamente inaudibles debido al vacío (espacio sin materia) y por su distancia con la Tierra. El sonido es una onda mecánica que se propaga solo a través de un medio material, es decir, un ambiente con partículas.

51

charla submarina

El delfín es un mamífero marino. Sus ancestros son mamíferos terrestres que se adaptaron al medio acuático en el curso de la evolución. Sus patas se convirtieron en aletas y su cuerpo adoptó una forma de pez. Los delfines respiran aire de la atmósfera a través de un espiráculo situado en la parte superior de su cabeza.

Estos animales nadan rápido, generalmente en grupos pequeños. Los miembros de cada grupo permanecen juntos gracias a que se comunican y se llaman mediante distintos sonidos. Muchos de esos sonidos están dentro del rango de audición del oído humano, pero hay otros que no debido a su alta frecuencia.

La cacería de peces, necesaria para que los delfines se alimenten, ocurre principalmente durante la noche. A pesar de que no tienen cuerdas vocales y de que sus oídos no son más que aberturas pequeñas, los delfines nadan entre los obstáculos y detectan a sus presas a grandes distancias debido a que pueden emitir y recibir ondas ultrasónicas.

¿cómo es posible?

Los delfines emiten ondas ultrasónicas al hacer pasar el aire de sus pulmones sobre los pliegues de la laringe. El aire comienza a vibrar, y la agudeza del sonido depende de la velocidad de esa vibración. Los oídos de los delfines están poco desarrollados y carecen de lóbulos. Este inconveniente lo compensa el melón, un órgano especializado que tienen en la frente. Es una cavidad llena de grasa espesa que alberga muchas terminaciones nerviosas. En el melón se reúnen las ondas de sonido y las terminaciones nerviosas las transmiten al oído interno.

compruébalo

Propagación del sonido en el agua

Necesitas:
- un globo
- agua
- un teléfono

22. El globo transmisor

Llena el globo de agua.

Apoya el globo sobre tu oreja y pon el teléfono del otro lado del globo; el teléfono debe emitir un sonido que atraviese el globo. ¿El agua amortigua el sonido?

¿qué sucedió?

El sonido se oye a través del globo como si el auricular estuviera apoyado directamente sobre la oreja.

Más experimentos

(49) >>

¿por qué?

La propagación del sonido en el agua es más rápida que en el aire porque el agua contiene mayor número de partículas (moléculas).

En la base de los barcos pesqueros hay un sonar, un aparato que emite ultrasonido. Ellos determinan la distancia hasta un cardumen según el tiempo que tarde la onda sonora en regresar.

El primer canto del estanque

La rana es un animal perteneciente al grupo de los anfibios, los primeros vertebrados que permanecieron en tierra. La vida terrestre impulsó el desarrollo de nuevas características: las aletas cambiaron y se convirtieron en patas, los pulmones evolucionaron para recibir oxígeno del aire, y la piel comenzó a proteger al organismo de la deshidratación. Además, en la tierra les aparecieron por primera vez los oídos, órganos que transmiten el sonido de los alrededores al complejo laberinto que compone el sentido de la escucha.

El desarrollo de la audición es simultáneo a la aparición de la voz. Un día pasó aire por las cuerdas vocales simples de una rana y estas produjeron un chirrido por la vibración. Esa fue la primera voz que se oyó en la Tierra hace 350 millones de años.

Las ranas macho tienen sacos semejantes a globos en la cavidad bucal. Estos se inflan cuando croan, lo que amplifica el sonido de tal manera, que se puede escuchar por todos lados. Todas las especies de ranas croan diferente. Su canto es una llamada de apareamiento para las hembras.

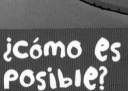

¿Cómo es posible?

Mientras pasa a través de las cuerdas vocales de la rana, el aire empieza a subir y a bajar, es decir, vibra. La vibración en un espacio tan limitado es mínima y solo puede producir un croar débil, pero en los sacos vocales es mucho mayor y resuena más. Al transferir la vibración de las cuerdas vocales a los sacos vocales, el croar se hace más fuerte. Los sacos cumplen la función de un resonador: reciben y amplifican el sonido.

>> Aprende más sobre resonancia, p. 85

comprueBalo

Resonancia

23. El instrumento

Recorta un círculo de 5 cm de diámetro en medio de la tapa. Incrusta las tachuelas a ambos lados del agujero y estira la banda elástica entre ellas.

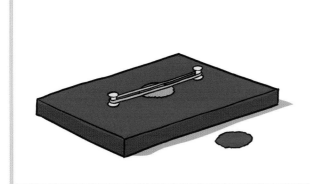

Pulsa la banda elástica. ¿Cómo es el sonido que se produce?

Pon la tapa sobre la caja y pulsa la banda elástica de nuevo.

¿qué sucedió?

Al pulsar la banda elástica antes de poner la tapa en la caja, esta comienza a vibrar y produce un sonido débil. Pero cuando se pone la tapa en la caja y se pulsa la banda elástica, el sonido es mucho más fuerte.

Más experimentos

(50, 51 y 52) >>

¿por qué?

La banda elástica vibra cuando se pulsa. La vibración produce un sonido. Cuando se tapa la caja, la vibración se transfiere al aire de la caja (el resonador) y produce un sonido mucho más fuerte.

Baterías vivientes

La anguila eléctrica, un pez con forma de serpiente, habita en los ríos de Sudamérica. Su nombre se debe a su capacidad de producir electricidad. Puede alcanzar una longitud de 1,5 m y pesar 40 kg. No tiene escamas, y su piel es de color marrón y anaranjado en la parte inferior de la cabeza y el cuello.

Las anguilas habitan generalmente en aguas poco profundas y se ocultan en guaridas o bajo las piedras. Como las aguas en las que habitan son turbias, las anguilas generan impulsos eléctricos para orientarse y luego reciben el reflejo de estas señales para hacerse una idea de los objetos circundantes.

Gracias a esta característica, las anguilas pueden retroceder hacia sus guaridas sin siquiera tocar las paredes.

Además de generar impulsos débiles, las anguilas eléctricas pueden producir descargas eléctricas de alta tensión para cazar y defenderse. La potencia de estas descargas es tan alta que puede matar a un pez, y un hombre perdería la conciencia si está a menos de 3 m.

¿Cómo es posible?

Las anguilas tienen órganos eléctricos que albergan terminaciones nerviosas. Cuando las células nerviosas envían la señal de que el peligro se acerca, en los órganos eléctricos comienza un proceso químico que da inicio a la generación de electricidad. Si hay una amenaza real, los nervios envían impulsos y luego fluye la corriente eléctrica.

>> Aprende más sobre plantas que producen electricidad, p. 89

comprUébalo

Generación de electricidad

Necesitas:
- dos placas, una de cobre y otra de cinc
- una lombriz

24. Una lombriz atestigua la generación de electricidad

Pon las placas de modo que se toquen.

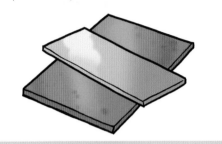

Pon la lombriz en una de las placas.

Observa lo que ocurre cuando la lombriz intenta pasar de una placa a otra.

El primer indicio de una fuente de corriente eléctrica surgió cuando Luigi Galvani, un médico italiano, tocó unas ancas de rana con cables hechos de metales diferentes. Galvani pensó que se trataba de electricidad animal, pero el físico Alessandro Volta continuó con sus experimentos y determinó que las ancas no se contraían por su propia electricidad, sino por la electricidad que se generaba cuando dos metales diferentes tocaban la piel húmeda. Eso le dio la idea de hacer la primera batería eléctrica, que estaba compuesta de placas de zinc y cobre previamente remojadas en una solución ácida.

¿qué sucedió?

Cuando intenta pasar de una placa a otra, la lombriz se retuerce y luego retrocede.

Más experimentos

(53 y 54) >>

¿por qué?

Esto sucede como resultado de la corriente eléctrica que se produce. El cuerpo de la lombriz de tierra es un electrolito, es decir, contiene sales minerales disueltas. Un electrolito en contacto con cualquier metal libera partículas cargadas (electricidad); estas fluyen a través del cuerpo de la lombriz.

Alessandro Volta (1745–1828) fue un físico italiano. Construyó la primera fuente de corriente eléctrica basada en un proceso químico. Intrigado por la invención, el líder militar francés Napoleón Bonaparte lo nombró conde.

Bacterias brújula

Las bacterias son organismos de estructura sencilla, tan pequeños que solo pueden verse bajo el microscopio. Habitan en todos los ambientes y lugares de la Tierra. Algunas son muy útiles, pero hay otras que causan enfermedades peligrosas. El diverso mundo de las bacterias se enriquece a diario con el descubrimiento de nuevas especies. En el año 1975 hubo un revuelo en los círculos científicos cuando se descubrió una bacteria que responde al magnetismo de la Tierra. Gracias a esta característica se le llamó bacteria magnetotáctica.

Estas bacterias viven en el agua y son muy sensibles al nivel de oxígeno que hay en ella. La cantidad apropiada de oxígeno se encuentra solo en una franja estrecha de agua, por lo que es de vital importancia que las bacterias lleguen a esta para sobrevivir.

Las bacterias giran hacia el campo magnético de la Tierra (en dirección norte-sur), y luego se mueven por el agua mediante flagelos que actúan como propulsores. De esta manera llegan al agua con las condiciones de vida óptimas.

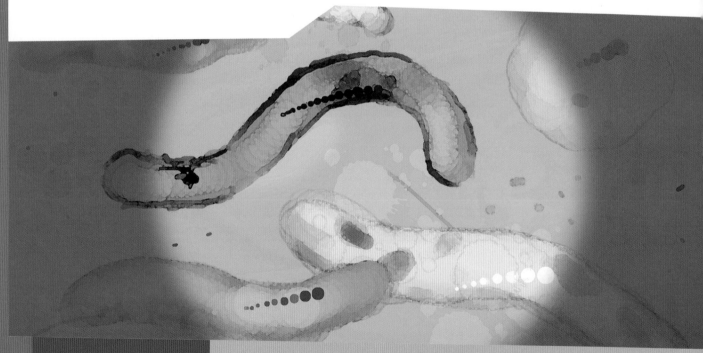

¿Cómo es posible?

El magnetismo es la capacidad de un imán (un objeto magnetizado) de atraer el hierro. La Tierra es un gigantesco imán débil, y todo lo que hay sobre ella está en su campo magnético. Los cuerpos microscópicos de las bacterias magnetotácticas contienen minerales ricos en hierro. Atraídos por el campo magnético de la Tierra, sus cuerpos giran en dirección norte-sur, tal como la aguja de una brújula.

>> Aprende más sobre orientarse en la naturaleza, p. 78

Así funcionan las brújulas

25. Una brújula en un plato

Necesitas:
- una aguja grande
- un imán
- un corcho de botella
- un plato
- agua

Magnetiza la aguja pasándola varias veces sobre el imán.

Inserta la aguja en el corcho.

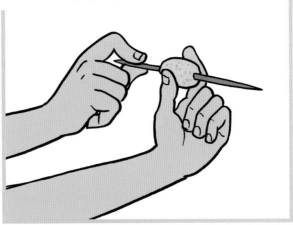

Pon el corcho en el plato con agua.

Observa la posición en la que se detiene la aguja.

¿qué sucedió? La aguja se alinea con la posición norte-sur.

Más experimentos

(55) >>

¿por qué? La aguja gira libremente tras insertarla en el corcho y ponerla sobre el agua. Al magnetizar la aguja, esta se torna susceptible al magnetismo de la Tierra, por lo que se ve forzada a girar en el sentido norte-sur.

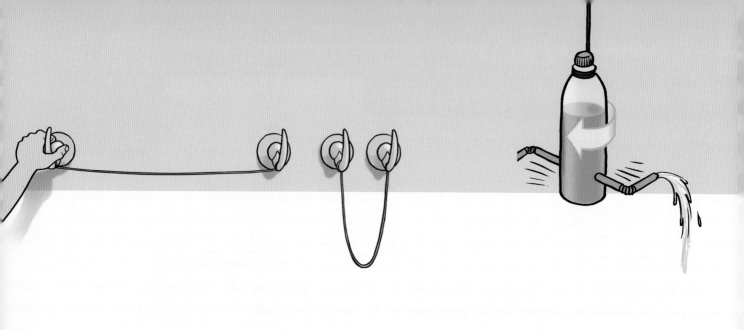

más experimentos

26. ¿Cómo sacar el libro de abajo?

Decimos que los cuerpos inmóviles son inertes (inactivos). La inercia se puede poner a prueba. Haz una pila de 10 libros sobre una mesa. Saca el libro de abajo con un movimiento brusco. Los demás libros permanecerán en su lugar (en reposo).

27. Una parada repentina

Cuando estés en un bus, sostente firmemente del tubo. Cuando el bus comience a avanzar después de hacer una parada, te inclinarás hacia la cola del bus. Tu cuerpo tiende a mantener el estado de reposo en el que estaba cuando el bus estaba detenido.

Cuando el bus frene en la siguiente parada, te inclinarás hacia delante. Tu cuerpo tenderá a mantener el estado de movimiento en el que estaba cuando el bus se movía.

Los pasajeros que no se aferran al tubo pueden caerse cuando el bus frena súbitamente, debido al movimiento repentino hacia la parte delantera del bus.

28. El globo

Infla un globo. Cuando sueltes la boquilla, el aire del globo saldrá abruptamente y lo enviará en la dirección opuesta por efecto de la fuerza de reacción.

29. La manguera

Pon la cabeza de la manguera de la ducha en el fondo de la bañera. Abre la llave. La cabeza de la manguera se moverá en dirección opuesta a la dirección en la que sale el agua debido a la fuerza de reacción. El experimento también puede realizarse en un espacio abierto con una manguera de jardín.

30. El carrusel de agua

Haz dos agujeros en el extremo inferior de una botella de plástico e inserta en ellos dos pajillas flexibles. Pega plastilina alrededor del lugar donde las pajillas se unen con la botella. Las pajillas deben ponerse en la dirección que se muestra en la imagen. Cuelga la botella y observa lo que sucede. El agua comenzará a salir por las pajillas, y la botella girará en círculos.

31. De la Tierra a la Tierra

No se puede sentir la gravedad de la Tierra, pero se puede demostrar fácilmente. Todo lo que tienes que hacer es saltar, y la gravedad tirará de ti hacia el suelo.

Los objetos que lances al aire siempre caerán al suelo. Compruébalo lanzando una pelota al aire varias veces.

32. Carrera contra la gravedad

Corta un trozo de cartón de 30 cm de largo y 5 cm de ancho. Traza marcas cada 5 cm.

Pídele a alguien que sostenga el cartón exactamente por encima de tu mano y que luego lo deje caer, a lo que deberás intentar atrapar el cartón por la marca más baja.

Aunque parezca una tarea fácil, debes saber que nunca podrás tomar el cartón por la parte inferior. Mientras el mensaje del cerebro llega hasta la mano, la gravedad ya habrá tirado del cartón hacia abajo.

Presión atmosférica

33. Ventosas en las paredes

¿Cómo mover dos ventosas unidas por el mismo cordel hasta el otro extremo del baño, sin tener que separarlas de la pared al mismo tiempo?

Para completar esta tarea, podría ser útil saber cómo se mueven las sanguijuelas.

Despega una de las ventosas y sepárala de la otra hasta donde el cordel lo permita. Adhiérela a la pared en ese punto. Luego separa la otra ventosa y ponla junto a la primera. Repite el procedimiento hasta que las ventosas estén del otro lado del baño.

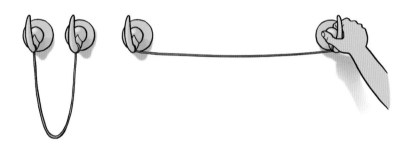

Presión hidráulica

34. El tubo

Cuando ya se agotó la mayor parte de la crema dental, es difícil sacar la cantidad que necesita poner en tu cepillo. Generalmente oprimes el tubo para desplazar la crema restante hacia la tapa y a veces sacas incluso más de la que necesitas. ¿Qué sucede allí en realidad?

Con el tubo cerrado, reduces el espacio y aumentas la presión cuando lo oprimes suavemente. Esto es, de hecho, presión hidráulica. Al abrir el tubo, la pasta comprimida sale con fuerza.

EMPUJE hidrostático

35. La pelota flotante

Sumerge una pelota en el agua y luego suéltala. Esta saldrá a la superficie con mucha fuerza debido al empuje hidrostático.

36. La banda elástica que se encoge

Cuelga una piedra de una banda elástica. Traza varias líneas sobre la banda con un marcador. Mide la distancia entre las líneas con una regla. Sumerge la piedra, de modo que las marcas queden por encima de la superficie del agua. Mide de nuevo la distancia entre las líneas.

El agua ejerce empuje hidrostático sobre la piedra; la piedra se hace más ligera y ejerce menos tensión en la banda elástica, lo que reduce la distancia entre las líneas.

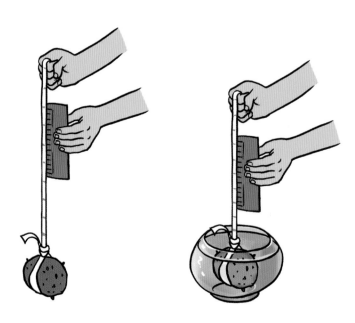

37. Papel paracaídas

Toma dos trozos de papel iguales. Arruga uno de los trozos hasta convertirlo en una bola. Deja caer ambos trozos de papel al tiempo desde la misma altura.

    La bola de papel cae más rápido pues, debido a su forma, opone menos resistencia al aire que el trozo de papel sin arrugar. El aire ejerce mayor resistencia sobre el papel que tiene mayor superficie, lo que ralentiza su caída.

38. La papa emplumada

Toma un trozo de papa y déjalo caer al suelo. Observa cómo cae.

    Incrusta de seis a ocho plumas en la papa (puedes conseguir las plumas en un lugar donde se críen aves de corral) y déjala caer de nuevo. El trozo de papa cae más despacio porque le cuesta más trabajo atravesar el aire.

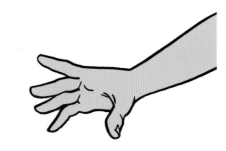

Sustentación

39. La tira de papel

Toma una tira de papel de unos cuantos centímetros de ancho y sostenla por un extremo. Sopla sobre la parte de la tira más cercana a tu mano y observa lo que sucede.

Cuando soplas, la velocidad de la corriente que recorre el lado superior del papel es mayor en comparación con la velocidad de la corriente en la parte inferior del papel (la velocidad de ese lado es insignificante). Esto sucede debido a la forma de la tira: la cara superior es convexa y la cara inferior es cóncava.

La diferencia entre las velocidades de las corrientes crea una diferencia de presiones: la del lado inferior de la tira es mayor que la presión del lado superior, por lo que el papel se levanta.

Tensión superficial

40. Objetos flotantes

Busca varios objetos livianos que se hundan al arrojarlos al agua. Luego intenta ponerlos en la superficie del agua sin que se hundan.

Utiliza papel absorbente y un tenedor, del mismo modo que se hizo en el experimento con el sujetapapeles.

HiGROScopiCidAd

41. La piña meteoróloga

Puedes hacer un dispositivo para medir la humedad del aire con una piña de pino. Adhiere un palo liviano a una de las escamas de la piña. Ata una cuerda a la piña y cuélgala en una caja.

Dibuja tres ventanas: una con una nube de lluvia, otra con el cielo parcialmente nublado y la última con un día soleado. Pega los dibujos en el interior de la caja, de modo que el palo apunte hacia ellos. Pon el dibujo del día soleado en la parte de arriba, el del día nublado en el medio y el de la lluvia en la parte inferior.

Cuando el aire esté húmedo, el palo apuntará al dibujo de la parte inferior; cuando la humedad sea moderada, señalará al dibujo del medio; y en tiempo seco, apuntará al dibujo de la parte superior. Así tendrás tu propio higrómetro.

42. ¿Está fría o caliente?

Toma tres recipientes; llena uno con agua caliente, otro con agua tibia y otro con agua fría.

Pon una de tus manos en el agua caliente y la otra en el agua fría. Después de un rato, saca tus manos de los recipientes, sécalas y sumérgelas en el recipiente con agua tibia.

La mano que estaba en el agua caliente (y que se calentó con el agua) sentirá que el agua tibia está fría. La mano que estaba en el agua fría sentirá que está sumergida en agua caliente.

Confirmarás con tus sentidos el proceso de transferencia de calor.

43. Té caliente

Cuando entiendes cómo se transfiere el calor, puedes utilizar ese conocimiento en la vida cotidiana.

Por ejemplo, si necesitas tomar el té y no puedes esperar a que se enfríe, puedes sumergirlo en una olla con agua fría. El calor del té se transferirá a través de la taza hacia el agua y así podrás beber tu té más pronto.

44. El termo

Busca dos botellas de vidrio para agua o jugo. Envuelve una de ellas en algodón y papel de aluminio, y deja la otra sin envolver.

Vierte té caliente en ambas botellas. Después de media hora, vierte en una taza el té de la botella envuelta, y en otra taza el té de la botella sin envolver. Prueba el té de ambas tazas y determina cuál está más caliente.

Te darás cuenta de que el aislante que envolvía la botella impidió que el té perdiera calor.

45. Leche achocolatada

Busca tres cucharas: una de metal, una de palo y una de plástico.

Pon un trocito de mantequilla en el extremo de cada cuchara y ponle encima un trozo de chocolate. Asegúrate de que todos sean del mismo tamaño.

Pon las cucharas en una taza y luego vierte leche caliente. Observa lo que sucede.

La mantequilla de la cuchara de metal comenzará a derretirse rápidamente, y el chocolate se deslizará hacia la taza. La mantequilla de las cucharas de madera y de plástico se quedará en su lugar por mucho más tiempo. Esto sucede porque el plástico y la madera son buenos aislantes térmicos.

Generación de ondas

46. Sémola que rebota

Cubre una olla pequeña con papel celofán y vierte encima un poco de sémola.

Acerca una tapa de metal a la olla y golpéala con una cuchara. Observa lo que ocurre.

La sémola rebota sobre el celofán debido a la vibración que se transfiere desde la tapa.

Propagación del sonido en el aire

47. El gran eco

Si llegas a estar en un desfiladero, párate frente a un acantilado lejano y grita tu nombre. Después de un rato, oirás el eco de tu voz. El sonido rebotará en las rocas y regresará a ti. La voz rebotará de nuevo y llegará al otro lado del desfiladero. ¿Cuántas veces regresa el eco de tu nombre? ¡Cuéntalas!

48. Eco en la habitación

Hablar en una habitación vacía y espaciosa puede producir sonidos extraños. Esto sucede porque el sonido rebota en las paredes vacías y llega al oído desde diferentes direcciones. Intenta hacer este experimento cuando estén renovando tu apartamento o tu colegio.

Propagación del sonido en el agua

49. Tictac

Se puede escuchar el tictac de un reloj
a través de un globo lleno de agua.

Resonancia

50. El globo chirriante

Desliza tus dedos sobre la superficie de un globo inflado. Escucharás un sonido chirriante. El aire que hay dentro del globo amplifica el sonido de los dedos que tocan la superficie del mismo.

· ·

51. Los pianos son resonadores

Di alguna palabra en voz alta delante de un piano que tenga
la tapa abierta. El instrumento vibrará si hay resonancia
entre la voz y alguna de las cuerdas del piano.

· ·

52. Guitarras que charlan

Si un amigo y tú tienen guitarras, y ambas están
afinadas, pueden presenciar la conversación que hay
entre ellas. Coloquen las guitarras a cierta distancia,
de modo que sus aberturas queden enfrentadas.
Luego pulsen una cuerda de una de ellas y detengan
rápidamente su vibración. La otra guitarra producirá
el mismo tono sin siquiera haber tocado sus cuerdas.

Esto pasa porque hay resonancia entre las guitarras.

53. Cosquillas con monedas

Toma una moneda de plata y otra de cobre
(u otros objetos hechos de estos materiales).
Lávalas bien con agua y jabón, y luego límpialas
con alcohol. Pon ambas monedas en tu lengua
de modo que se toquen. Sentirás un sabor
salado y un cosquilleo. Esto ocurre debido
a que generan una corriente eléctrica débil.

54. El limón eléctrico

Inserta dos alambres en un limón, uno de zinc
y otro de cobre.

Conecta los alambres con tu lengua.
Sentirás un cosquilleo.

Realiza un experimento similar utilizando
alambres de otros materiales. De esta forma podrás
descubrir qué combinaciones son adecuadas para
generar electricidad. Después, repite el experimento
con alguna otra fruta ácida, un vegetal, vinagre, jugo
de frutas, entre otros. La energía eléctrica generada
se puede calcular mediante un dispositivo para medir
la intensidad de la corriente eléctrica. Puede ser un
galvanómetro o un instrumento de uso doméstico
(universal) para medir la corriente eléctrica.

55. Identifica los puntos cardinales

Si llegas a estar en un lugar abierto y sin una brújula, pero tienes un imán contigo, puedes determinar los puntos cardinales.

Toma un trozo de cuerda y ata un extremo al centro del imán. Ata el otro extremo a una rama, de modo que el imán cuelgue libremente sin tocar las demás ramas. El imán girará y se alineará con la posición norte-sur.

Lugares para explorar la naturaleza

El bosque

Pasear por el bosque en el verano es muy agradable. Este es un lugar sombrío donde se oye el eco de los trinos de las aves. En ocasiones se pueden ver ardillas.

>> Aprende más

ORIENTARSE EN LA NATURALEZA

La vegetación del bosque es muy diversa. Comprende árboles altos y bajos, arbustos y varias especies de plantas herbáceas.

Todas estas plantas emiten vapor de agua, y la evaporación es más lenta en los bosques que en los lugares soleados. Por esta razón, el aire del bosque es bastante húmedo.

El musgo es una especie que crece bien en este entorno. Se puede encontrar en el costado norte de los objetos, sobre todo en los troncos de los árboles, lejos del alcance de la luz solar.

El musgo que hay sobre los troncos puede ser útil para aquellos que necesitan orientarse en un lugar. Una vez se determina el norte, es fácil saber los demás puntos cardinales.

Los árboles son muy sensibles a la altitud y al clima. La siguiente tabla ofrece datos sobre el predominio de árboles según la altitud.

Saber esta información puede ser útil en una caminata, actividad durante la cual se cruzan altitudes de varios cientos de metros en pocas horas.

Hasta 800 m	colinas	roble, carpe, pino, castaño
Hasta 2000 m	bosque montano bajo	haya, abeto, pícea, arce blanco, tilo
Hasta 1200 m	bosque montano alto	pícea
Hasta 2400 m	límite forestal	pino negro, arbustos enanos

Sería grandioso que te encontraras con un guardabosques. Suelen saber todo acerca de los bosques y podría decirte los nombres de los árboles. Con algo de esfuerzo, podrías hacer una buena colección de hojas y frutos. Puedes disecar las hojas en casa y hacer un herbario.

>> Aprende más

EL EFECTO DE LA HUMEDAD DEL AIRE EN LAS PLANTAS
Las piñas de pino son verdaderos indicadores naturales de la humedad del aire. En tiempo húmedo, las escamas de piña absorben la humedad, se hinchan y se cierran; mientras que en tiempo seco, las escamas se secan y se abren. Cuando las piñas caen al agua, se cierran completamente.

Si tomas una piña de pino del bosque, puedes hacer tu propio dispositivo para medir la humedad del aire.

El cielo

En primavera, las aves migratorias regresan de las regiones cálidas donde pasan los inviernos. A veces vuelan varios miles de kilómetros para llegar al lugar donde van a construir sus nidos y poner sus huevos.

Para muchas especies de aves, las plumas, además de permitirles volar, desempeñan un papel en el cortejo. Ese es el caso del faisán. Los machos se contonean delante de las hembras y extienden sus alas para enseñarles sus plumas magníficas. La comunicación a través de la apariencia y el comportamiento es muy clara, por lo que al contonearse les envían al mismo tiempo una advertencia a los otros machos para que no se acerquen.

>> Aprende más

LA GRAVEDAD DE LA TIERRA

Volar requiere de una gran cantidad de energía porque las aves deben superar la gravedad. Al agitar sus alas, las aves crean la sustentación aerodinámica necesaria para el despegue. Su permanencia en el aire también es posible gracias a las corrientes de aire.

Si ves una bandada de gansos salvajes, notarás que tiene la forma de la letra "V", y que el ave más fuerte va en la parte delantera.

Esta distribución es el resultado de la búsqueda de las condiciones óptimas de vuelo. El aire fluye alrededor del cuerpo del pájaro en vuelo, y el ave que está detrás aprovecha ese flujo de aire, pues es sustentación aerodinámica que facilita su vuelo.

Si en algún momento las puntas de sus alas se tocan, se creará una corriente ondulada, lo que significa que hay resonancia, armonía en el movimiento de las alas, durante el vuelo.

COMUNICACIÓN ANIMAL: AVES

Las aves también utilizan el canto como medio de comunicación y algunas de las mejores cantantes son precisamente las que tienen plumas poco atractivas.

El ruiseñor es un ave pequeña de la familia del tordo. Sus plumas son suaves y de color pardo claro. Es un ave migratoria: pasa los inviernos en África y regresa a las partes de Europa que tienen clima templado en primavera. El ruiseñor macho tiene un canto hermoso. Canta toda la noche en mayo y a principios de junio. Con su canto atrae a la hembra y le pide que construya un nido con él.

Hacen sus nidos en el suelo o en los arbustos, y se defienden de los depredadores con su apariencia discreta.

La orilla del mar

¡La playa! Es un placer nadar y jugar en la arena, pero recuerda explorar la naturaleza.

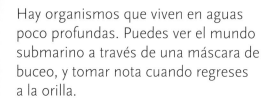

Hay organismos que viven en aguas poco profundas. Puedes ver el mundo submarino a través de una máscara de buceo, y tomar nota cuando regreses a la orilla.

Las caracolas que arrastran las mareas se pueden encontrar en la orilla. Recoge las que te gusten.

También hay varias aves que viven en la costa del mar, aunque casi siempre verás gaviotas. Su pico es largo y curvado, y tienen pies palmeados. Se alimentan de peces; no vuelan en altamar, sino que se quedan en la zona costera.

En la temporada de anidación, las gaviotas forman colonias en las rocas junto al mar.

FORMA AERODINÁMICA

Cuando soplan vientos fuertes en la costa del mar, se pueden ver miles de gaviotas que forman colonias y permanecen inmóviles de cara al viento. Los vientos fuertes provenientes de los costados o de la parte posterior podrían hacerlas caer a un lado, lo que abriría sus alas como sombrillas y las privaría del aire caliente almacenado bajo ellas.

En esta posición, las gaviotas consiguen la forma aerodinámica que opone la menor resistencia al viento.

Sus cuerpos con simetría bilateral solo cuentan con resistencia aerodinámica frontal para estas situaciones. Las corrientes son igualmente densas a ambos lados del cuerpo de las aves y no hay diferencia en las presiones que puedan crear sustentación, como ocurre durante el vuelo.

La pradera

Un pícnic es una gran ocasión para pasar tiempo con tus amigos. Empaca unas cuantas mantas, pon sándwiches o incluso golosinas en una canasta, lleva una botella de agua para cada uno y elige un lugar para sentarte en el prado.

>> Aprende más

PLANTAS SILVESTRES Y COMPOSICIÓN GEOLÓGICA DEL SUELO

Algunas plantas silvestres tienen propiedades medicinales o pueden comerse. Es fácil distinguir varias especies comunes, siempre y cuando tengas ayuda de una persona con conocimientos en botánica y que consulte literatura adecuada. Sin embargo, diferenciar las plantas no es lo mismo que saber usarlas. Es buena idea averiguar si las plantas crecieron en tierra segura y libre de contaminantes. Hasta cierto punto, esto se puede hacer mediante una observación detallada, ya que, si hay contaminantes en el suelo, las plantas los absorberán del mismo modo en que absorben los nutrientes.

Si las hojas son amarillas y tienen franjas verdes, tal vez haya mineral de cromo presente en el suelo. Los patrones blancos en las hojas se deben al níquel y al cobalto. Una planta de tamaño gigantesco puede significar que hay uranio, torio o manganeso en el suelo. Una planta que no crece puede indicar la presencia de hierro o molibdeno en la tierra.

Las plantas con estas u otras deformidades similares no son adecuadas para comer, pero pueden servir como guía para explorar minerales.

Las condiciones de las praderas son grandiosas para el crecimiento de las plantas herbáceas. Si haces una lista de las plantas que crecen allí, verás que hay varias docenas de ellas.

Puedes hacer un herbario maravilloso con plantas de la pradera. Recoge una flor de cada planta, elige la más bonita. Seguramente será la primera de tu herbario. Busca la buena suerte en un trébol de cuatro hojas.

>> Aprende más

RESONANCIA

El grillo macho tiene un dispositivo para producir sonido. Tiene un borde aserrado en una de sus alas delanteras y lo acerca a la otra ala delantera como si estuviera tocando el violín con un arco. El sonido se amplifica porque la membrana estirada de esa ala funciona como un resonador. El fuerte canto del grillo macho es un llamado de apareamiento.

Al caer la tarde, la pradera está llena de insectos. Las abejas llevan a las colmenas el néctar que recolectaron; un saltamontes permanece imperceptible sobre una rama y se prepara para saltar; las hormigas transportan migajas; un escarabajo está en busca de un bocado apetitoso; una mariquita aterriza sobre una hoja en busca de áfidos para la cena. Los insectos más ruidosos de la pradera son los grillos.

La granja

Los animales de granja tienen ciertos hábitos de comportamiento. Las gallinas picotean, los perros les ladran a los autos que pasan, los gatos se posan en las ventanas y disfrutan los cálidos rayos del sol, los patos corren por el corral en busca de comida...

>> Aprende más

EQUILIBRIO

Los patos se contonean al caminar o, mejor, se balancean de izquierda a derecha. Sus patas son cortas y están separadas. Cuando los patos se apoyan sobre una de sus patas, podemos imaginar una línea vertical que pasa por el centro de gravedad hasta el punto de apoyo. Cuando cambian de pata, tienen que mover rápidamente el centro de gravedad para que quede sobre el nuevo punto de apoyo; así evitan caerse. Por eso los patos se inclinan de lado a lado.

Los humanos caminan de una manera similar, pero el contoneo es mucho menos evidente. Párate junto al pizarrón y estira el brazo que sostiene el marcador. Da unos pasos mientras dibujas una línea a lo largo del pizarrón. Verás que la línea es ondulada y no recta. Esto sucede porque, al caminar, el centro de gravedad se desplaza y queda siempre sobre la pierna de apoyo.

El peligro puede perturbar la imagen idílica de la granja. Los animales reaccionan ante un desconocido o al oír un ruido inusual.

Los cambios en el comportamiento animal pueden ser una advertencia: el hombre se da cuenta del peligro y puede protegerse con más eficiencia.

>> Aprende más

LOS SENTIDOS AGUDOS DE LOS ANIMALES Y LOS SISMOS

Antes de los terremotos, se presentan sonidos inaudibles para los seres humanos, la tierra comienza a temblar, el campo geomagnético cambia y se acumula electricidad. Los animales perciben esas señales mejor que los humanos porque sus sentidos son más agudos que los nuestros. Los perros y los gatos pueden oír sonidos de 60 000 Hz y las palomas domésticas pueden captar sonidos bajo los 3 Hz. En la granja y sus alrededores comienza la confusión: se escuchan chillidos, se erizan los pelos, las orejas se levantan...

El estanque

Las aguas poco profundas de un estanque y el terreno que lo rodea son, para muchos animales, el lugar más hermoso para vivir. Hay suficiente comida y muchos lugares para ocultarse, algo muy importante para los animales que lo habitan. Allí las criaturas cazan constantemente a otras: los insectos roen plantas, las ranas cazan insectos, las aves atrapan ranas...

La rana es un anfibio, un vertebrado que salió del agua a la tierra. Sin embargo, el desarrollo de sus larvas (llamadas renacuajos) aún ocurre en el agua. Los renacuajos respiran por sus branquias y, cuando maduran, las branquias desaparecen y las ranas comienzan a respirar principalmente a través de la piel.

>> Aprende más

EL EFECTO DE LA HUMEDAD DEL AIRE EN LOS ANIMALES

Para que las ranas puedan respirar, es importante que su piel esté húmeda. Es por ello que el comportamiento de las ranas puede indicar cambios climáticos. Si las ranas permanecen en el agua a pesar de que el día esté nublado, significa que no lloverá; y cuando salen del agua, saltan y croan, lo mejor es buscar refugio. Antes de caer la lluvia, el aire está saturado de vapor, por lo que no hay peligro de que se seque la piel de las ranas, de modo que salen despreocupadamente a la tierra.

La tierra que rodea los estanques suele estar empapada, de modo que la cantidad de oxígeno y de sales nitrogenadas es mínima. Algunas plantas del estanque han desarrollado la capacidad de atrapar insectos para obtener más nutrientes.

PLANTAS QUE GENERAN ELECTRICIDAD

El rocío del sol es una planta insectívora que crece en todos los continentes. En sus hojas tienen muchos tentáculos con glándulas. Cuando un insecto toca un tentáculo, el estímulo se transfiere a los tentáculos vecinos rápidamente. Estos se doblan y excretan sobre el insecto un líquido pegajoso que poco a poco comienza a digerir al animal.

La transferencia de estímulos es posible gracias a que la hoja tiene puntos con cargas eléctricas diferentes. Cuando el insecto conecta dos puntos con diferente carga eléctrica, se produce una corriente eléctrica que envía el impulso para que se curven los tentáculos y se cierre la hoja.

Tras ese primer movimiento, los tentáculos se estiran y sostienen al insecto. Cada hoja de rocío del sol puede atrapar presas en varias ocasiones.

El rocío del sol se comerá un trozo de queso, carne o huevo. Pero si le ponemos pan, no reacciona.

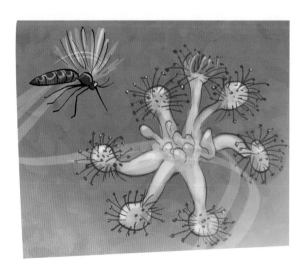

Acerca del autor

Tomislav Senćanski adora la física. Por eso leyó mucho, estudió, terminó el colegio y la universidad, y ahora sabe todo lo que hay que saber sobre el tema.

Trabajó en un colegio durante muchos años y habló con sus estudiantes acerca de todo. El profesor Toma, como solían llamarlo sus estudiantes, descubrió que los niños aprenden mejor cuando comprueban por sí mismos cómo ocurren los eventos físicos. Por esa razón escribió varios libros llamados *Practicums*. En ellos se explican muy bien los procedimientos para realizar experimentos, de modo que los estudiantes puedan poner a prueba fácilmente lo que han aprendido.

También construyó varios modelos por medio de los cuales explica la aparición y el proceso de los eventos físicos. ¡Prueba uno de sus inventos!

Lo que nos mueve

Todo se mueve en la naturaleza. Los pinos crecen, los zorros se acercan sigilosamente a sus presas, las gaviotas vuelan en círculos alrededor de los barcos a la espera de un bocado para comer. Cuando no hay movimiento, hablamos de quietud. Pero aun cuando una gaviota se para en la borda de un barco, esta se mueve con él. Por eso decimos que la quietud y el movimiento son relativos y que solo pueden ser observadas en relación con otros objetos.

La relatividad del movimiento

Modelo para demostrar la relatividad del movimiento

Necesitas:
- un trozo de cartón
- un bisturí
- un lápiz
- un trozo de papel
- ayuda

Recorta el cartón siguiendo el patrón. Haz un corte en la parte más pequeña y marca los puntos A y B, desde los cuales tu ayudante y tú observarán el lápiz en movimiento.

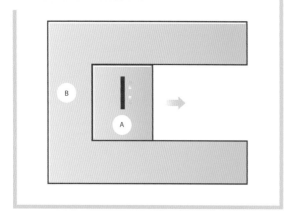

Pon las piezas de cartón sobre el papel. Inserta la punta del lápiz en la ranura y muévelo de arriba hacia abajo, al tiempo que desplazas el cartón hacia la derecha. Determina qué tipo de movimiento observó cada persona.

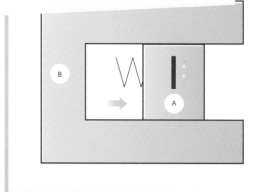

¿qué sucedió?

Desde el punto A, el lápiz parece moverse en línea recta. Desde el punto B, parece moverse en zigzag, y esto lo prueba el dibujo que queda en el papel. Esto significa que hay dos maneras de describir un mismo movimiento.

¿por qué?

La trayectoria de un objeto solo puede describirse cuando se compara con respecto a algo. Frente al primer observador, la trayectoria del lápiz es recta, y respecto al otro observador, es en zigzag.

En su tiempo libre, el profesor Toma investigó, escribió y pensó acerca de varios temas del mundo de la física. Sus libros fueron publicados, algunas revistas divulgaron sus artículos, y apareció en programas de televisión para hablar de científicos prominentes sobre el lado práctico de la física y acerca de experimentos interesantes. Tomislav Senćanski recibió muchos premios por todos estos logros. Estos son algunos:

Mientras se preparaba para escribir otra historia, deseó que todos los niños amaran la física.

contenido